चंद्रगुप्त मौर्य और यूनानी आक्रमण

श्रुति गाड़ोदिया इतिहास से जुनून की हद तक जुड़ी एक सजग पाठक और लेखिका हैं। उन्हें किस्सागोई की शैली में बच्चों के लिए अतीत को जीवंत करना पसंद है। वह 'द हिस्ट्री ऑफ इंडिया फॉर चिल्ड्रन' की सह-लेखिका हैं। श्रुति ने कॉर्नेल विश्वविद्यालय, यू.एस.ए. से स्नातक किया फिर इंजीनियरिंग और फाइनेंस में डिग्री ली। बैंकिंग में अपने करियर के दौरान वे न्यूयॉर्क और लंदन में रही हैं। स्कूबा डाइविंग, ट्रेकिंग, स्कीइंग और नौकायन जैसे नये और रोमांचक खेलों को आजमाने का आनंद लेने वाली श्रुति ऐतिहासिक स्थलों और संग्रहालयों की एक उत्सुक यात्री और अन्वेषक हैं।

अर्चना गाड़ोदिया गुप्ता बेस्टसेलिंग- 'द हिस्ट्री ऑफ इंडिया फॉर चिल्ड्रन' की सह-लेखिका हैं, और द वीमेन हू रूल्ड इंडिया की लेखिका हैं। पुस्तकों, भाषाओं, यात्रा और इतिहास में गहरी रुचि के साथ ही उन्हें ज्ञान और उपयोगी जानकारियों को कहानियों की शक्ल में बुनने की आदत है। एक क्विज़र के रूप में उन्होंने बीबीसी के मास्टरमाइंड इंडिया से 'चैंपियन ऑफ चैंपियंस' का खिताब जीता है। वे टीवी पर बेहद लोकप्रिय कार्यक्रम 'कौन बनेगा करोड़पति' की टीम में एक विशेषज्ञ के रूप में शामिल हैं। अर्चना ने आई. आई. एम.- अहमदाबाद से एम.बी.ए. किया है। वह फिक्की महिला संगठन की राष्ट्रीय अध्यक्ष रही हैं और आभूषण ब्रांड टचस्टोन की संस्थापक हैं।

चंद्रगुप्त मौर्य और यूनानी आक्रमण

श्रुति गाड़ोदिया
अर्चना गाड़ोदिया गुप्ता

चित्रांकन : प्रिया कुरियन

हिस्ट्री हंटर्स : चंद्रगुप्त मौर्य और यूनानी आक्रमण

अंग्रेजी संस्करण 2022 में हैचेट इंडिया से
प्रथम हिंदी संस्करण : मार्च, 2025

ISBN : 978-93-48497-87-1

प्रकाशक : अनबाउंड स्क्रिप्ट
2/41, अंसारी रोड, दरियागंज, दिल्ली-110002
वेबसाइट : www.unboundscript.com
ई-मेल : books@unboundscript.com
फोन नं. : 011-35807601

HISTORY HUNTERS:
CHANDRAGUPTA MAURYA AND YUNANI AAKARMAN
by Shruti Garodia & Archana Garodia Gupta

मूल्य : ₹249/-

मुद्रक : विकास कंप्यूटर एंड प्रिंटर्स, लोनी गाज़ियाबाद, उत्तर प्रदेश

इस गल्प इतिहास के चरित्रों का किसी वास्तविक व्यक्ति से कोई संबंध नहीं है
न ही इसमें दिये गये मानचित्र भारत की वास्तविक सीमाओं का संकेत करते हैं।

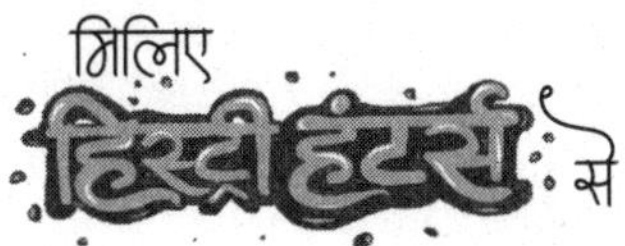

ज़ोया अली (12 साल): एक ऐसी लड़की जिसे किताबों से प्यार है, और है हर चीज़ के बारे में जानने और सीखने का ज़बरदस्त जुनून। साथ ही, वह जितना कुछ जानती है, उसे अपने दोस्तों के साथ साझा करना चाहती है, भले हीचा उसके दोस्त चाहें या न चाहें! नया जानने की चाहत में वह कुछ न कुछ ऐसा रोमांचक करती रहती है, जिससे किसी को पता भी नहीं चलता कि वह स्वभाव से आलसी है।

एकनूर सिंह (12 साल): ज़ोया की मुँहफट सहेली, लेकिन सबसे अच्छी सबसे पक्की! एक निडर फ़ौजी की तरह हर समय किसी से भी मुक़ाबला करने को रहती है तैयार। अनजान ख़तरों से निपटने में भी सबसे आगे, हर बार!

अंश देसाई (11 साल): बच्चों की इस टोली में सबसे छोटा, जिसे अक्सर उसकी मर्ज़ी के बिना भी तरह-तरह की कारगुज़ारियों में घसीट लिया जाता है। दल के दूसरे बच्चों के साथ हमेशा कंधे से कंधा मिलाकर चलने वाले इस बच्चे को खाने की मज़ेदार चीज़ों की तलाश रहती है, क्योंकि उसकी माँ सिर्फ़ सेहत के लिए अच्छी चीज़ें खाने पर ज़ोर देती हैं।

रोहन मथाई (13 साल): बच्चों की इस टोली में सबसे बड़ा और शाँत प्रकृति-प्रेमी बच्चा, जिसके स्वभाव में है ठहराव। और जिसकी अनोखी ख़ूबी है, कि इंसान तो इंसान, जंगली जानवरों तक का जीत लेता है भरोसा!

एल्फ़ू (13 साल): चंचल-शरारती हाथी का बच्चा जिसे लगता है कि वह इंसान है- ख़ासकर जब बात हो खाने-पीने की। बचपन से हमेशा रोहन के साथ रहा एल्फ़ू डील-डौल में भले ही उससे बहुत बड़ा है, लेकिन जब-जब ख़ुद को मुश्किल में पाता है, तो 'बड़े भाई' रोहन की शरण में जाता है।

घर जाते समय अचानक मूसलाधार बारिश होने लगी। हालांकि उनके घर स्कूल से चंद मिनट की दूरी पर थे, लेकिन तीनों बच्चों को पानी से सराबोर होने में ज़रा देर नहीं लगी, क्योंकि वे सड़क पर आगे बढ़ते जा रहे थे, और सड़क पर पानी और कीचड़ भी तेज़ी से बढ़ रहा था।

एकनूर तो सड़क के हर गड्ढे में कूद-कूद कर छपाके मारने लगी।

ज़ोया चलते-चलते जिस किताब को पढ़ने की कोशिश कर रही थी, उससे ध्यान हटाकर, तिरछी नज़रों से उसे देखते हुए बोली, 'यह तुम जो कर रही हो, क्या इसे बंद करोगी? देखो, मेरी किताब भीगी जा रही है।'

दुर्भाग्य से, तभी, कीचड़ उड़ाती एक कार जिसके साथ ट्रेलर जुड़ा हुआ था, उधर से निकली और वे कीचड़ से लथपथ हो गये। 'यह क्या!...' ज़ोया खीझ उठी। उसने लायब्रेरी से जो नयी किताब पढ़ने के लिए ली थी, वह अब पढ़ने लायक नहीं रह गयी थी।

अंश खोया-खोया सा लग रहा था, लेकिन वह तो आमतौर पर ऐसा ही रहता था। 'अभी तो अप्रैल ही चल रहा है फिर गोवा में बारिश क्यों हो रही है?' वह शिकायती अंदाज़ में बुदबुदाया... जैसे कुदरत से सवाल कर रहा हो।

जैसे ही तीनों मोड़ पर मुड़े, उन्होंने एक कार को फ़ॉरेस्ट इको रिज़ॉर्ट के अंदर जाते देखा।

'अरे, कहीं वह नये वाले वन्यजीव विशेषज्ञ तो नहीं?' एकनूर ने चहकते हुए कहा। 'मम्मी ने बताया था कि वह आज ही आ रहे हैं। ऐसा लगता है कि वह केरल से पूरा का पूरा चिड़ियाघर अपने साथ लाने वाले हैं!'

उसने सुन रखा था कि वह अंकल जानवरों से बातें कर सकते हैं! 'हो सकता है कि उनके पास बाघ भी हो...और...'

'क्या बकवास है!' अंश बीच में बोल पड़ा। 'रिज़ॉर्ट में बाघ को कहाँ रखा जायेगा... क्या वह तुम्हारे कमरे में सोयेगा?' 'वैसे, मैंने सुना है कि उनके साथ एक लड़का भी आ रहा है। एक और लड़के के आ जाने से मुझे तो मज़ा ही आ जाएगा।... हो सकता है कि वह क्रिकेट खेलता हो!'

'लड़कियाँ भी क्रिकेट खेल सकती हैं!' ज़ोया और एकनूर एक साथ बोलीं, लेकिन बोर सी आवाज़ में। वैसे, यह उनके बीच बहस का पुराना मुद्दा था।

• • • • • • • • • • • • • • •

जैसे ही वे रिज़ॉर्ट के फाटक पर पहुँचे, उन्हें कुछ हलचल सुनायी दी। ज़ोया और एकनूर के माता-पिता एक अलग-सी शख़्सियत वाले व्यक्ति से बातें कर रहे थे जिनके बाल पके हुए थे। उनके बगल में एक लंबा-सा लड़का खड़ा था।

'आपका स्वागत है, मिस्टर मथाई,' ज़ोया के पिता ने कहा, 'मैं रियाज़ अली, यहाँ का महाप्रबंधक हूँ, और यह मेरी पत्नी फ़राह हैं। वैसे आपके यहाँ आ जाने से हमें बहुत अच्छा लग रहा है!'

तभी एकनूर के पिता, जिनकी देखरेख में रसोइघर में सारा कामकाज होता था, गर्मजोशी के साथ बोले। 'हैलो, जी! मैं हरप्रीत सिंह। यह मेरी मिसेज़ है। इतनी लंबी ड्राइव के बाद आप लोगों को भूख लगी होगी। मेहरबानी करके आयें और चाय-पकौड़े खायें।'

उनके इतना कहते ही तेज़ गुड़गुड़ाहट-सी सुनायी दी। लकड़ी के ट्रेलर से एक लंबी-सी सूँड बाहर निकली, इधर-उधर सूँघते हुए कुछ ढूँढती उस लंबे लड़के के कंधे को टटोलने लगी।

लड़के ने उसकी तरफ़ देखे बिना कहा, 'शाँत रहो, एल्फू! आज तुम्हें पकौड़े नहीं मिलेंगे। तुम्हें हाथी वाला खाना खाने की आदत डालनी होगी।'

सब भौंचक्के रह गये थे।

'अर्रे... इसमें तो हाथी है?'

अंश ने हैरानी जताते हुए कहा। 'क्या यह हमारी बात समझता है?'

लड़के ने तीनों छोटे बच्चों की ओर देखा और हल्के से मुस्कुरा दिया। 'इसमें एल्फ़ू है, और सच तो यह है कि यह सिर्फ़ खाने की भाषा समझता है। जब से मैं उसे जानता हूँ... यानी हमेशा से ही, वह भूखा ही बना रहता है!'

'क्या हम उससे मिल सकते हैं?' एकनूर ने चहकते हुए पूछा।

तभी उसकी माँ ने कुछ घबराते हुए कहा, 'बेटा, पहले देख लेते हैं कि वह कुछ करेगा तो नहीं। हाथी कोई छोटा-मोटा जानवर तो होता नहीं हैं...'

मथाई साहब ने कहा, 'फ़िक्र मत कीजिए, मिसेज़ सिंह, एल्फ़ू पूरी तरह से शाँत और सधा हुआ है। मैंने रोहन के साथ-साथ उसकी परवरिश भी अपने हाथों से इस तरह की है कि वह मेरे लिए दूसरे बेटे की तरह है।'

'आपका मतलब यही है न पिताजी, कि यह आपके तीसरे बेटे जैसा है,' लंबे लड़के ने चुटकी लेते हुए कहा। 'भाई को यह सुनकर अच्छा नहीं लगेगा कि आप अक्सर उन्हें गिनना भूल जाते हैं।'

'ओह हाँ!' मथाई साहब ने मुस्कुरा कर झेंप मिटाते हुए कहा।

'जी, मेरा जो बड़ा बेटा है वह काफ़ी लंबे समय से अमेरिका में है।'

एक बार फिर हड़बड़ी के साथ एक तेज़ गुड़गुड़ाहट सुनाई दी। रोहन ने जाकर ट्रेलर का दरवाज़ा खोला। उतावलेपन के साथ एक सूँड बाहर निकली, फिर मटमैली चमड़ी वाला सिर और बड़ा सा धड़, हाथियों के अनोखे मस्त अंदाज़ में झूमते हुए आगे बढ़ा। एल्फ़ू रोहन के बगल में आकर ठहरकर, इधर-उधर देखने लगा और उसने अपनी सूँड लड़के की गर्दन में इस तरह डाल दी जैसे दोस्त बाहें डालते हैं।

ज़ोया ने पूछा, 'क्या एल्फ़ू अभी बच्चा है? एक बड़े हाथी के मुक़ाबले काफ़ी छोटा लगता है। तुमसे बमुश्किल कुछ इंच लंबा है, रोहन।'

'अरे नहीं, यह तो अभी बस तेरह साल का है,' रोहन ने कहा, 'लेकिन अपनी उम्र के हिसाब से थोड़ा छोटा है- है न एल्फ़ू?'

एकनूर एल्फ़ू की सूँड के क़रीब गयी और बोली, 'इसके माथे पर यह कैसा सुंदर निशान है? यह बिल्कुल बिंदी जैसा लगता है!'

हर किसी की नज़र एल्फू के माथे पर गड़ गयी। न सिर्फ़ उसके माथे पर छोटे-छोटे गुलाबी छींटे से थे, जो कि एशियाई हाथियों में आमतौर पर होते हैं, बल्कि उसके तो माथे के बीचोंबीच पाँच-नोक वाले एक गुलाबी तारे जैसा निशान भी था जो देखने वालों को ऐसा लगता था जैसे हाथ से बनाया गया हो!

जैसे ही बच्चे बड़ों के पीछे-पीछे स्टाफ़ कैंटीन की ओर बढ़े, वे नये लड़के से बातें करने लगे।

ज़ोया ने कहा, 'अहा! मुझे हैप्पी अंकल के पकौड़ों का स्वाद बहुत अच्छा लगता हैं। वैसे, मैं ज़ोया हूँ। मैं बारह साल की हूँ। रियाज़ अली साहब मेरे अब्बू हैं। अब से दो साल पहले से, बिल्कुल शुरुआती दिनों से, 'मिरेकल इन द फ़ॉरेस्ट' को बनाने में लगे हुए थे। मैं तब से यहीं गोवा में रह रही हूँ।'

एकनूर बोली, 'मैं नूर हूँ। मैं भी बारह साल की हूँ। मेरे पापा यहाँ शेफ़ हैं। मुझे तरह-तरह के चुनौती भरे काम करने में ख़ूब मज़ा आता है, और मैं किसी भी चीज़ से नहीं डरती!'

अंश ने उसे ऊबी-सी नज़रों से देखा और कहा, 'मैं ग्यारह साल का हूँ- अंश देसाई। मैं कुछ महीने पहले अपनी माँ के साथ मुँबई से यहाँ आया हूँ।'

नया वाला लड़का खिली हुई मुस्कुराहट बिखेरते हुए बोला, 'हाय, मैं रोहन थॉमस मथाई हूँ। मैं तेरह साल का हूँ, यानी तुम सबसे बड़ा हूँ।' वह मुस्करा दिया- अनोखी टेढ़ी-सी मुस्कान! 'जब मैं केरल में अपना घर छोड़कर चला था तो बिल्कुल भी ख़ुश नहीं था, लेकिन ऐसा लगता है कि कुल मिलाकर यहाँ तो बड़ा मज़ा आने वाला है!'

उसे अंदाज़ा भी नहीं था कि आगे क्या-क्या होने वाला था।

• • • • • • • • • • • • • • • •

ज़ोया अगली सुबह जागी तो उसके चेहरे पर मुस्कान बिखरी हुई थी। इतवार की छुट्टी का दिन था और इस दिन उसकी माँ दुकान के लिए चीज़ें ख़रीदने आस-पास के गांवों के शिल्पकारों के पास जाया करती थीं। रिज़ॉर्ट में उनकी दुकान पर उपहार में देने लायक हाथ से बनी चीज़ें मिलती थीं। आज उसे सारे दिन बिस्तर पर लेटे-लेटे पढ़ने से रोकने वाला कोई नहीं था। लेकिन जैसे ही वह एक और अलसायी सी झपकी लेने के लिए करवट बदलने वाली थी, खिड़की से एक तेज़ और तीखी आवाज़ आयी- 'ज़ो-ओ-ओ-या-या-या, क्या तुम उठ गयीं? चलो-ओ-ओ... निकलो! हम एल्फ़ू को पिकनिक पर ले जा रहे हैं!'

'अर्रर्रे भईईई,' ज़ोया आँखों पर रखे अपने बाज़ू को झटके के साथ हटाकर काँखते हुए बुदबुदायी। वह पहले से जानती थी कि इससे बचने का उसके पास कोई रास्ता नहीं था। जब उसकी सबसे अच्छी सहेली कुछ करने की ठान चुकी हो, तो उसे कोई ताक़त नहीं रोक सकती थी।

एकनूर हमेशा की तरह जोश के साथ उछलती-कूदती अंदर आयी। उसने ज़ोया के चेहरे पर एक नज़र डाली और दाँत दिखाते हुए हँस पड़ी। 'तो... आज तुम्हारा क्या पढ़ने का इरादा था?' उसने पूछा।

'आह, फैंटास्टोरिया सीरीज़ की तीसरी किताब आ गयी है और उसे पढ़ने के लिए लेने की अब मेरी बारी है! मैं अब और इंतज़ार नहीं कर सकती। जब तक कि यह न जान लूँ कि तारिया ने यह साबित करने के लिए क्या किया कि एक गैलेक्सी से दूसरी गैलेक्सी की अंतरिक्ष यात्रा पर निकले बेड़े की कमान उसी के हाथ में है...' इतना कहकर ज़ोया ने अपनी बात पूरी की।

'तुम किताब में मुँह घुसा कर इतने घंटे बिताने का फैसला कैसे कर सकती हो?' एकनूर ने उबासी आने से खुले मुँह को हाथ से बमुश्किल छुपाते हुए कहा। ज़ोया का पढ़ने का जुनून उसकी समझ से परे था।

ज़ोया ने कहा, 'सारा दिन जेम्स बॉन्ड बनने का नाटक करते हुए इधर-उधर घूमने से तो यही बेहतर है।'

'तुम्हारा मतलब है ज़ोया बॉन्ड!' एकनूर ने अपनी बाजू की मछलियाँ तानते हुए हँसकर कहा। 'ठीक है, ठीक है, मज़ाक कर रही हूं! अब, झटपट तैयार हो जाओ और चल पड़ो।'

•••••••••••••••

जब वे कर्मचारियों के घरों के सामने वाले बग़ीचे में पहुँचे, तो उन्होंने अंश को अपनी ओर आते हुए देखा। वह उदास-सा दिख रहा था। उसने एक बादामी रंग का काग़ज़ का थैला ख़ुद से दूर करके होशियारी से पकड़ा हुआ था। 'हमारी पिकनिक के लिए माँ ने दिया है,' उसने दो टूक अपनी बात कह दी। 'उन्होंने ज़ोर देकर कहा है कि यह सेहत के लिए बेहद अच्छा है। इसे ख़त्म करने में तुम सब मेरी मदद करोगे तो अच्छा होगा।'

'अरे, नहीं बाबा नहीं,' दोनों लड़कियाँ चिल्लायीं। 'आज क्या दे दिया?' उन्होंने घबराकर पूछा।

अंश ने नाक सिकोड़ ली। 'हम्म, मुझे लगता है कि कुछ ऐसी बकवास चीज़ है जिसमें न चीनी होगी, न मसाले होंगे, न तेल होगा, न ख़राब होने से बचाने वाले कोई तत्व होंगे... और, न ही कोई स्वाद होगा!'

अंश की गाँ रिज़ॉर्ट में योग, सेहत और तन-मन के शुद्धिकरण यानी 'डिटॉक्स' से लेकर अध्यात्म तक की विशेषज्ञ थीं। वह हमेशा पूरी शिद्दत और भरोसे के साथ दुनिया की हर जानी-अनजानी बीमारी के लिए एक से बढ़कर एक अजीबोग़रीब इलाज के तरीके और खाने-पीने की चीज़ें सुझाया करती थीं। खुद अंश भी आये दिन हल्के हरे से लेकर भूरी रंगत वाले तरह-तरह के काढ़े पीता हुआ पाया जाता था। 'अरे, शायद वह पालतू हाथी इसे खा लेगा,' अंश ने कहा। यह कहते हुए उसकी आँखें चमक उठीं थीं।

'उसका एक नाम है,' एकनूर ने नाराज़गी जताते हुए कहा। 'अगर मैं तुम्हें "छुटकू" कहना शुरू कर दूँ तो तुम्हें कैसा लगेगा? जानवर भी लोगों से किसी तरह कम नहीं होते, समझे...' जब उसने वहाँ मौजूद बाकी दोनों की आँखों में एक अलग सी चमक देखी तो वह चुप हो गयी।

अंश और ज़ोया ने एक-दूसरे की ओर देखा और एक साथ बोले, 'मग़रूर कौर! देखो एक बार फिर उलझ गयी!' यह और बात थी कि ज़्यादातर लोग उसे नूर ही कहते थे। और आमतौर पर वह लोगों से मिलते-जुलते समय अपना यही नाम बताती थी।

नूर ने उन्हें घूरकर देखा और चिढ़ते हुए बोली, 'मेरा नाम एकनूर है। मग़रूर नहीं! मैं यह बताने जा रही थी कि मेरे पापा ने कहा है कि वे हम सब के लिए पिकनिक की टोकरी तैयार करेंगे, लेकिन अब मेरा मन है कि उनसे कह दूँ कि वह सिर्फ़ मेरे लिए ही तैयार करें... हुँह!' मुख्य शेफ़ के तौर पर, मिलने वाले हरेक शख़्स को खाना खिलाना तो जैसे हरप्रीत सिंह की ज़िंदगी का मक़सद ही बन चुका था।

इसी बीच रोहन भी वहीं आ पहुँचा। 'हमें पिकनिक के लिए कहाँ जाना चाहिए?' उसने पूछा। 'किसी ऐसी जगह नहीं जा सकते जहाँ बहुत सारे लोग हों, क्योंकि वे हमेशा एल्फू के साथ खेलना चाहते हैं, और इस बदमाश को संभालना बेहद मुश्किल हो जाता है।' उसने अपने पीछे खड़े हाथी को प्यार से देखा।

अंश ने भौंहें उचकाते हुए कहा, 'मुझे एक बढ़िया जगह पता है! चलो, लड़कियों इन्हें वहीं ले चलें...'

'हाँ ... मौजाँ ही मौजाँ! सब लोग अपने स्विमसूट पहन आओ!' यह चिल्लाती हुई नूर वहाँ से भाग गयी।

जैसे ही बच्चे लौटे, सिंह साहब एक बड़ी टोकरी लेकर आ गये, जिसमें से तरह-तरह के स्वादिष्ट व्यंजनों की ख़ुशबू आ रही थी। 'मज़े करो, *बच्चा* लोग,' उन्होंने कहा। मेहरबानी करके, बस यह ध्यान रखना कि अपने-अपने फोन अपने साथ रखना। और हमेशा की तरह कहीं दूर मत निकल जाना। . . ओह, और ज़्यादा शरारत मत करना!' उन्होंने आँख मारते हुए अपनी बात ख़त्म की।

'शुक्रिया, हैप्पी अंकल,' अंश ने जोश भरी मुस्कान के साथ उनसे टोकरी लेते हुए कहा। उसे उनके हाथ की बनी चीज़ें खाना बहुत पसंद था, ख़ासकर अपनी माँ के बने खाने के मुक़ाबले। अचानक, उसे महसूस हुआ कि कोई गीली-सी चीज़ उसकी बाज़ू पर सरकती हुई टोकरी की ओर बढ़ रही है। 'ओए!' वह चिल्लाया, और उसका दिल भी ज़ोर-ज़ोर से धड़कने लगा। लेकिन, वह और कुछ नहीं, हाथी ही था जो चुपचाप उसके पीछे आ गया था।

एक मटमैली-सी सूँड ने ताज़ी डबलरोटी को उठा कर अपने मुँह में डालने से पहले ऐसे सूँघा जैसे वह जन्म से भूखा हो।

'अब इसे ख़त्म करो, एल्फू!' रोहन ने कहा। फिर अंश की ओर ऐसे देखा जैसे वह सारी ग़लती अपने सिर लेकर माफ़ी माँग रहा हो। 'ग.. ग.. ग.. एल्फू को इंसानों का खाना ज़्यादा अच्छा लगता है। इसकी अजीब-सी ख़ूबियों में से एक यह भी है, लेकिन वह वास्तव में किसी को 'नुकसान' नहीं पहुँचाता।' उसने एल्फू की ओर इस तरह देखा जैसे वह उससे नाराज़ हो, लेकिन एल्फू ने उसकी ओर से नज़रें फेर लीं। अंश ने एल्फू को घूर कर देखा और मन ही मन बुदबुदाया, 'नालायक हाथी, बदमाश हाथी।'

• • • • • • • • • • • • • • •

पाँच लोगों की टोली रिज़ॉर्ट के पीछे की ओर चल पड़ी। वे साफ़-सुथरी चौकोर क्यारियों वाले एक बड़े से सब्ज़ियों की बग़ीची से गुज़रे, जिसमें पालक, धनिया-पुदीना, लौकी की बेल और गोल-मटोल लाल-लाल टमाटर दिखाई दे रहे थे। वे आम, पपीता, चीकू, अमरूद और केले से लदे पेड़ों वाले एक बड़े-से फलों के बग़ीचे से गुज़रते हुए आख़िरकार एक ऐसी जगह पहुँच गये जहाँ बाड़ खिंची हुई थी, जिसके दूसरी ओर जाने के लिए एक ख़स्ताहाल लकड़ी का फाटक था।

इससे पहले कि वे घने जंगल के गहरे हरे साये में आगे बढ़ते, एल्फू को फाटक से बाहर निकलने के लिए कड़ी मशक्क़त करनी पड़ी। पेड़ों और झाड़ियों को पीछे छोड़ते वे जिस पगडंडी पर आगे बढ़ रहे थे शायद ही वहाँ कभी कोई आता-जाता था, क्योंकि कई जगह तो घास उग आने के कारण रास्ते का पता ही नहीं चल रहा था। जैसे ही वे ऊँचे बाँस के घने झुरमुट के पास पहुँचे, रोहन ने बेचैनी से पूछा, 'वैसे, हम जा कहाँ रहे हैं?'

अंश ऐसे मुस्कुराया जैसे कोई गहरा राज़ हो छुपाने को। 'जल्दी पता चल जाएगा। तुम्हें पानी वाली जगह पसंद है, है न?'

जैसे ही उसने यह बात कही, रोहन को गिरते हुए पानी की आवाज़ सुनाई दे गयी। ऐसा लग रहा था मानों तेज़ बारिश हो रही हो। आगे जैसे ही वह एक मोड़ पर मुड़ा, उसने पाया कि वे एक छोटी-सी खुली जगह पर आ गये हैं जहाँ पेड़ नहीं हैं। उसकी नज़र ओलंपिक खेलों के स्विमिंग पूल जितने बड़े पानी के एक तालाब पर पड़ी जिसका पानी हरा-हरा सा लग रहा था। बाईं ओर लगभग बीस फीट की ऊँचाई से एक पतला-सा झरना उसमें गिर रहा था। दूसरी ओर, बड़ी-बड़ी चिकनी और गोलाईदार चट्टानें पानी को तालाब में रोके रखने के लिए बाँध का काम कर

रही थीं, और थोड़ा-थोड़ा पानी पतली धाराओं की शक्ल में बहकर बाहर जा रहा था, जिसने आगे चलकर एक नाले की शक्ल ले ली थी। गर्मी और नमी वाले इलाकों में जैसे जंगल होते हैं, वैसी घनी हरियाली से तालाब घिरा हुआ था, जिससे वह जगह वर्षावन जैसी लग रही थी। सारा नज़ारा करीने से सजाया हुआ सा मालूम पड़ता था। जैसे किसी कलाकार ने अपनी कल्पना से कोई लैंडस्केप पेंटिंग बनायी हो।

रोहन खुलकर मुस्कुराया। 'यह तो गज़ब जगह है, दोस्तों! बिल्कुल ऐसी जगहें केरल में होती हैं!'

इसी बीच नूर ने अपनी ड्रेस उतार कर एक ज़ोरदार छपाके के साथ तालाब में छलांग लगा दी थी।

उसके बाद ज़ोया बिना ज़्यादा शोर मचाए तालाब में उतरी। तालाब में उतरते हुए उसने रोहन से कहा, 'चिंता मत करो, यहाँ कोई ख़तरा नहीं है। ज़्यादा गहरा भी नहीं है, क्योंकि झरने में ज़्यादातर बरसाती पानी ही आता है। चूंकि बहाव कोई तेज़ नहीं है और हम सभी तैरने में माहिर हैं, इसलिए हमारे माता-पिता हमें यहाँ आने से नहीं रोकते ... यानी उन्हें ज़्यादा ऐतराज़ नहीं है हमारे यहाँ आने पर।'

कुछ ज़्यादा ही होशियारी से पानी में उतरते हुए अंश बुदबुदाया, 'यहाँ का पानी हमेशा इतना गंदा क्यों रहता है?

वापस पहुँच कर मुझे फिर से नहाना पड़ेगा।'

'देखो, फिर वही बड़े शहर के बिगड़े लाल वाली बात!' नूर ने उसे छेड़ते हुए कहा।

एल्फू इतना सारा पानी देखकर फूला नहीं समा रहा था, और वह अंश को एक ओर धकेलते हुए पानी में उतर गया।

'ओय! अगर तुम अंदर आओगे तो सारा पानी बाहर निकल जाएगा,' अंश ने नाराज़गी जताते हुए कहा।

एल्फू ने उसकी बात पर कोई ध्यान नहीं दिया। और अगले ही पल उसने अपनी सूँड में पानी भर कर अंश पर इतनी ज़ोरदार फुहार मारी, कि अंश संभल नहीं पाया और तालाब में फिसल गया!

•••••••••••••••

अगग ग ग! अंश अपना सिर पानी से बाहर रखने और ख़ुद को संभालने की जद्दोजहद कर रहा था, जबकि दूसरे लोग बेतहाशा हँसते हुए पानी में हुड़दंग मचाते रहे। जल्द ही, बच्चों और हाथी के बीच एक दूसरे पर पानी फेंकने का मुकाबला होने लगा।

थोड़ी देर बाद ज़ोया ने कहा, 'मुझे तो भूख लग आयी है। देखें कि एल्फू ने हमारे लिए कुछ छोड़ा भी है या नहीं!'

बच्चे एल्फू को झरने के नीचे मज़े से खेलता छोड़कर चुपचाप बाहर निकल गये। उन्होंने तालाब के पास चट्टानों पर प्लास्टिक की चादर बिछायी और खाने की टोकरी खोल ली।

'गोआ की पोई डबलरोटी! अहा! केले के चिप्स, मछली के पकौड़े! चिंता मत करो, अंश, तुम्हारे लिए मेथी के पराठे जैसी शाकाहारी मेथी ची पोली है। अरे वाह! मीठे में केक जैसा बेबिन्का भी है!' ज़ोया ने आख़िरी नाम एक अलग ही जोश के साथ लिया। सात परतों वाली गोवा की यह मिठाई उसे कुछ ज़्यादा ही अच्छी लगती है, जो कि कच्चे नारियल, अंडे, मक्खन और गुड़ से बनायी जाती है।

जब वे अच्छी-अच्छी चीज़ें गपागप खाये जा रहे थे, तभी एल्फू को अचानक एहसास हुआ कि उसे जहाँ होना चाहिए था पहुँचने से वह चूक गया है, और वह झटपट पानी से बाहर निकल आया। जब हाथी एक के बाद दूसरे बच्चे की ओर हसरत भरी निगाहों से खाने की चीज़ें माँग रहा था, तब रोहन को बड़ा मजा आ रहा था। उसके उम्मीद भरी नज़रों से खाना माँगने पर बच्चों के दिल पसीज गये, और नूर ने ही सबसे पहले उसे थोड़ी-सी पोई दी।

'नौटंकीबाज़!' रोहन लाड़ से बुदबुदाया।

अंश ने अपनी माँ की बनायी चीज़ निकाली और बड़ी उम्मीद से एल्फ़ू के आगे कर दी। *उसने सोचा, अगर सबको परेशान करने वाला यह जीव उन डरावनी चीज़ों को खा लेगा जिन्हें माँ जब-तब बनाती ही रहती है, तो हम मान लेंगे कि यह किसी काम का है।* अंश को माँ का दिया खाना फेंकने में भी बहुत बुरा लगता था, इसलिए उसे हमेशा ख़ुद ही जैसे-तैसे खाना पड़ता था। ताकि बाद में ख़ुद को बुरा न लगे!

एल्फ़ू ने एक पल के लिए चने, अलसी और जई के आटे से बने सूखे और खुरदुरे-से केक को एक नज़र देखा, फिर हिकारत से अपना सिर दूसरी ओर घुमा लिया और अपनी सूँड ज़ोया और नूर की ओर बढ़ा दी। चलो ठीक है, अंश ने दुःखी मन से सोचा, मैंने कोशिश तो की।

जब थके-हारे बच्चे खाना खाने के लिए बिछायी गयी चादर पर टांगें फैला कर आराम करने के लिए पसर गये थे, तब अंश ने अपना फ़ोन निकाला और एक ड्राइंग ऐप पर वहाँ का नज़ारा स्केच करना शुरू कर दिया। कुछ देर बाद आवाज़ लगायी, 'कौन-कौन क्रिकेट खेलना चाहता है? रोहन?' उसने एक उम्मीद से 'बड़के' लड़के की ओर देखा।

'नहीं, मुझे दूर तक पैदल सैर करना और रॉक क्लाइंबिंग करना ज़्यादा अच्छा लगता है...लेकिन तुम में से किसी ने ठीक तरह से बल्ला पकड़ना सीखा भी है?' उसने एल्फ़ू की ओर इशारा किया, जो अपने मस्त अंदाज़ में धीरे-धीरे पेड़ों से पत्ते तोड़-तोड़ खा रहा था।

'क्या?' अंश को हाथी की एक नयी खूबी पता चली तो पहले-पहल उसे भरोसा ही नहीं हुआ, लेकिन फिर न चाहते हुए भी उसके हुनर का क़ायल हो गया।

रोहन ने कहा, 'मानते हैं... भले ही वह तेंदुलकर या कोहली जैसा नहीं खेल पाएगा, लेकिन अगर गेंद को ज़्यादा तेज़ न फेंका जाये तो वह कभी-कभी अच्छी तरह खेल लेता है।'

'यह तो हम भी देखना चाहेंगे!' नूर यह कह कर उछल पड़ी। जल्द ही एल्फ़ू ने अपनी सूँड एक बल्ले के चारों ओर अजीब तरह से लपेट ली, और हर किसी ने बारी-बारी से उसकी ओर गेंद फेंकी। पहले-पहल कुछ गेंद मारने से चूक जाने के बाद एल्फ़ू ने गेंद को बल्ले पर अच्छी तरह लेकर इतना ज़ोरदार शॉट जड़ा, कि गेंद ज़ोया के सिर के ऊपर से उड़ते हुए निकली, और झरने के किनारे वाली झाड़ियों में जाकर गुम हो गयी।

यह देख अंश दु:खी हो गया और ज़ोर से बोला, 'अरे नहीं! यह क्या हो गया! अब तो माँ मेरी जान ही ले लेगी! इस महीने की यह पाँचवीं गेंद थी जो मैंने खोई है। माँ ने यहाँ आने से पहले मुझसे सख़्ती से कहा था कि अगर मैंने यह गेंद खो दी तो आगे कभी भी क्रिकेट की गेंद मुझे नहीं दिलायी जाएगी। नूर ने अपनी आँखों की पुतलियाँ गोल-गोल घुमाते हुए कहा, 'मत परेशान हो, हम गेंद ढूँढ लेंगे,' और गेंद ढूँढने तेज़ी से आगे बढ़ गयी। बाकी लोग उसके पीछे-पीछे चल पड़े, तभी उसने पीछे पलट कर आवाज़ दी, 'दिख गयी, तुम सब वहीं ठहरो!'

जैसे ही वे नूर के क़रीब पहुँचे, उन्हें ढलान पर उगी झाड़ियों के पीछे छिपी गेंद का कुछ हिस्सा नज़र आया। सब ने एक दूसरे की आँखों में आँखें डालकर देखा।

अंश ने ज़ोया की ओर देखकर कहा, 'तुम जाओ।'

'नहीं, तुम जाओ,' ज़ोया ने पलटकर कहा।

रोहन सीधा तन कर खड़ा हो गया और गेंद वापस लाने के लिए ख़ुद जाने की बात करने ही वाला था कि तभी नूर उसके पास आकर बोली, 'सुनो, मैं जाऊँगी, इसमें डरने की क्या बात है?' वह नीचे उतरी और अचानक नज़रों से ओझल हो गयी।

बाकी सब भी उसकी ओर दौड़े, यह देखने के लिए कि आख़िर वह कहाँ गयी, और उसे कुछ फीट नीचे खड़ा पाया। न जाने कैसे वह घनी झाड़ियों के बीच से फिसल गयी थी और अब एक अंधेरी गुफ़ा के मुँह तक जाने वाले संकरे और पथरीले रास्ते पर बैठी थी। 'अरे सुनो! तुम सब यहाँ नीचे आओ... उसने कहा। 'मुझे लगता है कि यह एक गुप्त गुफ़ा है! ध्यान से आना। फिसलन बहुत है! पहले एल्फू को आने दो।'

जब रोहन एल्फू को उस ओर बुलाने की कोशिश कर रहा था तब नूर उसे रास्ता देने के लिए एक तरफ खड़ी हो गयी, लेकिन पानी में खेलने से एल्फू का मन नहीं भरा था और वह बार-बार सिर घुमा-घुमा कर झरने की ओर देखता जा रहा था। आख़िरकार, कई बार 'अच्छा बच्चा, 'निडर बच्चा' और 'आगे बढ़ कर दिखाएगा' सुनने के बाद, एल्फू ने माना कि इतनी आसानी से छुटकारा नहीं मिल सकता, और वह झाड़ियों को रौंदता, लंबे-लंबे डग भरता दूसरों के लिए रास्ता बनाता, बेमन से आगे बढ़ता गया।

जल्द ही वे एक सीलन भरी अंधेरी गुफ़ा के मुहाने पर थे और घबराये से एक-दूसरे का मुँह ताक रहे थे। रोहन बाकी सबको पीछे छोड़ आगे पहुँचा, और बोला, 'पहले मुझे जाने दो। मैंने पिताजी के साथ मेघालय की कुछ गुफ़ाओं में अंदर जाकर खोजबीन की है। हम इसके अंदर सौ क़दम से ज़्यादा नहीं जाएँगे... उससे आगे बढ़ने के लिए हमारे पास ज़रूरी साज़ो-सामान होना चाहिए।

'गुफ़ाओं में खोजबीन... अच्छा जी?' अंश ने पूछा।

चकरायी हुई ज़ोया ने हैरानी वाले अंदाज में पूछा, 'अरे, तुम्हें इसके बारे में नहीं पता? इसमें सचमुच बड़ा मज़ा आता है। इसमें आप गुफ़ाओं के काफ़ी अंदर तक खोजबीन करने जाते हैं। सच तो यह है कि ऐसा करना कभी-कभी ख़तरनाक भी हो सकता है। वह रोहन की ओर देख कर मुस्कुराई- इस उम्मीद से कि वही उसकी बात पर हामी भरेगा।

'ठीक है, प्रोफ़ेसर ज़ो, आज के पाठ के लिए धन्यवाद,' अंश और नूर ने एक सुर में कहा, और नटखट नज़रों से उसकी ओर देख मुस्कुराये। वह भी अपनी पुतलियाँ नचाते हुए उन्हें देखकर मुस्कुरा दी।

रोहन ने अपने फ़ोन की टॉर्च जलायी और होशियारी से गुफ़ा में क़दम रखा। एल्फ़ू ने अपनी सूँड से उसकी शर्ट पकड़ रखी थी और झिझकते हुए, दबे पांव उसके पीछे-पीछे चलता रहा, जबकि बाकी लोग उसके भी पीछे थे। गनीमत यह थी कि गुफ़ा का अगला हिस्सा एक बड़े कमरे जैसा था और उसके आगे था एक गलियारा जो आगे और सँकरा होता जा रहा था। हालांकि झरने से छनकर आती हरी-सी धीमी रोशनी गुफ़ा में आ रही थी, लेकिन बच्चों ने अपने फ़ोन की टॉर्च जला रखी थी, और ऐसा लग रहा था जैसे रोशनी की चार किरणें गुफ़ा में नाच रही हों।

वे कुछ पल चले होंगे तभी रोहन चिल्लाया, 'देखो! यह देखो...दीवारों पर चित्र बने हैं! कमाल है! कभी यहाँ कोई रहा होगा।

दूसरे भी जल्दी से आये और चित्रों को देखने लगे। उन्होंने जो देखा उससे उनकी आँखें खुली की खुली रह गयीं। वहाँ जंगली भैंसे और दौड़ते हुए हिरनों के झुंड और उनका पीछे करते शिकारियों की तस्वीरें थी। एक तस्वीर गैंडे की भी थी।

ज़ोया ने ज़ोर से कहा, 'हे भगवान! मुझे लगता है मैं तो होश ही खो दूँगी! ये तो आदि मानव के बनाये लगते हैं! पिछले साल मैंने एक प्रोजेक्ट के लिए भीमबेटका के शैलचित्रों पर एक रिपोर्ट लिखी थी। ये वैसे ही लगते हैं।

नूर ने पीछे से आवाज़ दी। 'देखो तो सही! इसमें एक हाथी की तस्वीर भी है जिसके माथे पर एक सितारे का निशान है... बिल्कुल एल्फ़ू की तरह!'

सभी ने आकर नूर को घेर लिया। एल्फ़ू भी उनके पीछे खड़ा रहा था। उसने अब भी रोहन की शर्ट कस कर पकड़ रखी थी।

'श...,' रोहन ने उसकी सूँड सहलाकर उसे शाँत करते हुए कहा। 'चिंता मत करो, एल्फ़ू बाबू। डरने की कोई बात नहीं है।

चारों के फ़ोन की टॉर्च की रोशनी हाथी के एक अनगढ़ से रेखाचित्र पर पड़ रही थी, जिसकी इकलौती ख़ूबी थी उसके माथे पर पाँच नोक वाला सितारा। तस्वीर में कुछ लोग उसके सामने झुके हुए दिखाये गये थे।

एल्फ़ू उसे देखकर हैरान था। उसने रोहन का हाथ छोड़कर अपनी सूँड ऊपर

उठायी और चित्र में दिख रहे हाथी को सूँघा। जैसे ही उसने अपनी सूँड से उसके माथे के सितारे को छुआ, एक चिंगारी सी निकली और फुरफुराने की आवाज़ हुई। इसी के साथ सभी के फ़ोन की रोशनी बंद हो गयी।

• • • • • • • • • • • • • • • •

'अरे! ये क्या हो रहा है?' गुफ़ा में अचानक अंधेरा होने पर अंश चिल्लाया।

जैसे पहले अचानक वे बंद हुए थे, वैसे ही चारों फोन फिर से रोशनी देने लगे- एक डरावनी-सी नीली रोशनी।

एक रोबोट जैसी आवाज़ रुक-रुक कर गूँजी, 'ऐप डाउनलोड हो रहा है। फ़ोन के स्क्रीन पर बनते-बिगड़ते गोले बता रहे थे कि कितने प्रतिशत डाउनलोड हुआ है।

बच्चे बिना हिले-डुले खड़े रहे। उन्होंने अपने आप ही एक-दूसरे के हाथ कस कर पकड़ लिये थे। एल्फू की सूँड रोहन की कमर पर लिपटी थी। इससे उसे कुछ राहत थी। जैसे ही डाउनलोड पूरा हुआ, हरेक फ़ोन पर हाथी के सिर का एक आइकन दिखाई दिया जिसके सिर पर पाँच नोक वाला सितारा था।

फिर तेज़ आवाज़ सुनाई दी, 'डाउनलोड पूरा हुआ। फिर चालू करने के लिए कहीं भी दबाएँ।'

जैसे ही ज़ोया ने कहा, 'ठहरो। कुछ करने से पहले आपस में तय कर लें।' वैसे ही नूर ने अपने फोन पर आइकन को दबा दिया।

'नहीं!' रोहन और ज़ोया एक साथ चिल्लाये, जबकि अंश की तो डर के मारे सिट्टी-पिट्टी गुम हो गयी। लेकिन बहुत देर हो चुकी थी।

एक भुनभुनाहट जैसी आवाज़ आने लगी जो लगातार तेज़ होती जा रही थी। हवा की चाल तेज़ हो गयी, और ऐसा लग रहा था जैसे गुफ़ा में पल-पल एक तेज़ रोशनी बार-बार जल-बुझ रही हो। अचानक, सब कुछ घूमने-सा लगा। बच्चों को लग रहा था कि उनके पैर कहीं टिके नहीं हैं और वे किसी रोलर-कोस्टर में बहुत ऊँचाई से नीचे चले जा रहे हों।

'सभी शाँत रहें!' अंश चिल्लाया, और हाथ आगे बढ़ाकर जिसे पकड़ पाया उसे पकड़ लिया।

फिर, हर ओर सन्नाटा छा गया।

• • • • • • • • • • • • • • •

कुछ पल बाद धीरे-धीरे बच्चों ने आँखें खोलीं।

अंश ने दबी-सी आवाज़ में कहा, 'अब उजाला हो गया है। जब उन्होंने चारों ओर नज़र दौड़ायी, तो उन्हें एहसास हुआ कि वे अब अंधेरी गुफ़ा के अंदर नहीं हैं। दरअसल, वे एक ऐसी जगह आ पहुँचे थे जहाँ वे पहले कभी नहीं गये थे- बहती नदी के बगल में वह कीचड़ से भरा एक बड़ा-सा खुला मैदान था। वहाँ एक अजीब-सी बदबू फैली थी जिसे बयान करना भी मुश्किल था। वह हक्के-बक्के होकर चारों ओर देखते रहे, जहाँ उन्हें हर तरफ़ लोगों की भीड़ ही भीड़ नज़र आ रही थी।

रोहन चहक कर बोला, 'देखो! ये सारे लोग नाटक के लिए तैयार हुए हैं। उसने ज़मीन पर पड़े कई लोगों की ओर इशारा किया, जो अपने चेहरे और शरीर पर नकली खून लगाकर घायल होने का नाटक कर रहे थे। कई ऐसे भी लोग थे जो मरे होने का नाटक करते दिखाई दे रहे थे।

ज़ोया ने कहा, 'अरे, आगे तो देखो। वे लोग स्कर्ट जैसा कुछ पहने हैं! वे पुराने समय के रोमन लोगों जैसे दिख रहे हैं, लेकिन ...' उसने एक ओर कुछ दूरी पर इशारा किया, जहाँ लोगों के दो दल एक छोटे से मंच के सामने खड़े थे, जिसे जल्दी-जल्दी अच्छी तरह से तैयार किया जा रहा था।

स्कर्ट जैसा परिधान पहने पहले दल के लोगों ने बूट्स भी पहन रखे थे, साथ ही उनके बदन पर सख़्त चमड़े के जैकेट और सिर पर हेलमेट थे। उन्होंने इतने लंबे भाले हाथों में लिए हुए थे जितने लंबे ज़ोया ने पहले कभी नहीं देखे थे- क़रीब बीस फीट लंबे, यानी उसकी ख़ुद के क़द से क़रीब चार गुना!

दूसरे दल के लोग मायूस और डरे हुए से लग रहे थे, फिर भी लगता था जैसे हिम्मत बाँधे रखने की कोशिश कर रहे हों। घुटने तक कसकर बंधी धोती पहने ये लोग भारतीय थे। उन्होंने ऊपर चमड़े की आड़ी-तिरछी पट्टियों वाले सूती कुर्ते, कमर पर चमड़े के कमरबंद और बालों को पूरी तरह ढके अजीब-सी गांठों वाली पगड़ियाँ पहनी हुई थीं। उनके पास ही ढाल-तलवारों, भालों और धनुष-बाणों का एक बड़ा-सा ढेर लगा हुआ था।

एकनूर फुसफुसाते हुए बोली, 'यहाँ तो सब कुछ बेहद हैरतअंगेज़ होते हुए भी बिल्कुल सच्चा लग रहा है! क्या हम किसी फ़िल्म के सेट पर हैं?'

स्कर्ट जैसी फ़ौजी पोशाक पहने एक छोटे क़द का आदमी मंच पर आया। वह ज़ोर-ज़ोर से कुछ कहने लगा। उसकी भाषा बच्चों को अजीब तो लग रही थी, लेकिन उन्हें एहसास हुआ कि वह उसे समझ तो सकते थे, लेकिन ऐसा लग रहा था जैसे वह आवाज़ कहीं दूर से आ रही हो।

तभी अचानक अंश के मुँह से चीख निकल गयी। 'अरे! ख़ुद को देखो! हमारे कपड़े बदल गये हैं!' सभी ने नीचे देखा और देख कर हैरान रह गये कि अब उनके बदन पर भी वहाँ मौजूद भारतीय सैनिकों की तरह धोती और कुर्ता था, और उनके सीने पर भी वैसी ही चमड़े की पट्टियाँ थीं।

रोहन को अपने सिर के चारों ओर कुछ बँधा हुआ महसूस हुआ। उसने छूकर देखने के लिए अपना हाथ ऊपर उठाया और अपने सिर पर बड़ी अच्छी तरह बँधी पगड़ी पाकर चौंक गया। नीचे नज़र जाने पर उसने देखा कि उन सभी के पैरों में पट्टियों वाले सैंडल थे और सभी की कमर पर कपड़े की छोटी-छोटी थैलियाँ लटकी हुई थीं।

ज़ोया पूरे होश में होते हुए भी जैसे होश खो बैठी थी। उसने अपनी थैली को टटोला और उसमें से अपना फोन बाहर निकालकर राहत की साँस ली। 'ऊपर वाले का शुक्रिया,' वह बुदबुदायी।

'अरे...सिग्नल तो हैं नहीं!' वह फिर बुदबुदायी, 'उफ़, ख़ुदा का शुक्र है कि मैंने अम्मी को बच्चों के लिए इतिहास वाला ऐसा ऐप लेने के लिए मना लिया था जिसे ऑफ़लाइन चलाया जा सके। वह बेहद तेज़ी से टाइप करने लगी। कुछ पल बाद वह बाकी सब को देखने के लिए घूमी। एक गहरी साँस लेते हुए उसने फ़ोन उनके आगे कर दिया। 'दोस्तों। मुझे समझ में नहीं आ रहा है कि मैं कैसे कहूँ, लेकिन...

मेरा मतलब है...मुझे लगता है कि हम...' वह अपनी बात पूरी नहीं कर पायी और ऐसा लगने लगा जैसे उसे दौरा पड़ने वाला हो।

'क्या हुआ, ज़ोया?' रोहन ने बड़े स्नेह के साथ पूछा। 'तुम बताओ न, जो बता रही थीं।' 'मुझे लगता है कि हम वाकई बीते हुए दौर में पहुँच गये हैं... और हमारे सामने वह जो है, वह सिकंदर महान है!' बेतरतीब से शब्द उसके मुँह से निकलते गये, और ज़ोया समझ नहीं पायी कि उसकी ये बातें दूसरों को कितनी बेतुकी लग रही होंगी।

'क्या बकवास करती हो!' अंश फट पड़ा। 'ऐसे कोई कैसे...' जैसे ही उसकी नज़र ज़ोया के फ़ोन पर पड़ी, वह चुप हो गया। उसके स्क्रीन पर एक पेंटिंग दिखाई दे रही थी जिसका शीर्षक था- '326 ईसा पूर्व हाइडेस्पेस की लड़ाई के बाद भारतीय राजा पोरस और सिकंदर महान की मुलाकात- कलाकार की नज़र से।'

उसने ग़ौर से अपनी धोती और सैंडल की ओर देखा, फिर मंच की ओर देखा। बाकी लोगों ने भी पहले ख़ुद को ऊपर से नीचे तक देखा और फिर मंच को देखा। उनके चेहरों पर एक अलग ख़ौफ़ झलकने लगा। अब सब कुछ बिल्कुल साफ़ हो चुका था - वे बीते समय में जाकर फँस गये थे। ये सारे लोग नाटक वाले नहीं थे। वे घायल सैनिक सचमुच घायल थे। वह ख़ून भी असली था, और वहाँ जिन फ़ौजियों की लाशें पड़ी थीं... वे वास्तव में मरे हुए थे! ज़मीन पर पड़े वे मरे-कटे हाथी-घोड़े भी झूठ-मूठ के नहीं थे।

ज़ोया जल्दी-जल्दी बड़बड़ाने लगी। 'ठीक है, तो जहाँ तक मुझे याद आता है, सिकंदर महान सारी दुनिया को जीत लेना चाहता था। उसने मक़दूनिया के छोटे से यूनानी राज्य से शुरुआत की और लगभग दस साल में फ़ारसी साम्राज्य को नेस्तनाबूद कर दिया। यहाँ हम... हाईडेस्पेस की लड़ाई में हैं? अरे ठहरो... देखो, यह झेलम नदी है!'

रोहन ने भौंहें चढ़ाकर कहा, 'लेकिन झेलम तो पाकिस्तान में है।

नूर अब फिर से पूरी तरह होश में आ रही थी। 'ठहरो, कुछ भी बोले जा रहे हो! क्या इस समय हम पाकिस्तान में हैं? कैसा पागलपन है!'

ज़ोया बीच-बचाव के लिए समझाने लगी, 'देखो, परेशान मत हो। अगले दो हज़ार साल तक पाकिस्तान नहीं बनेगा, इसलिए शाँत रहो!'

तभी सामने कुछ हलचल शुरू हो गयी। घायल हो चुके राजा पोरस को मंच पर ले जाया जा रहा था। वह बहुत लम्बे चौड़े थे, रोहन ने अंदाज़ा लगाया- कम-से-कम छह फीट नौ इंच के तो रहे ही होंगे, और उनकी बाँह में एक तीर भी घुसा हुआ था! एल्फ़ू ने अपनी पतली-सी सूँड को देखा और फिर राजा पोरस की बड़ी-बड़ी बाँहों को देख उसे जलन होने लगी। सिकंदर पाँच फुट का भी नहीं था, और पोरस के सामने बौना लग रहा था- बमुश्किल उनकी छाती तक पहुँच पा रहा था।

सिकंदर ने अपना गला साफ़ किया और कहा, 'तो बताओ, पोरस! तुम्हारे साथ क्या किया जाये? तुमने बेहतरीन ढंग से मुक़ाबला किया। मैं समझ नहीं पा रहा हूँ कि मुझे तुम्हारे साथ कैसा सुलूक करना चाहिए?'

सिकंदर के बगल में खड़े एक भारतीय ने उसकी बातों का अनुवाद किया ताकि पोरस समझ सके। हालांकि उन्हें ऐसा लग रहा था जैसे उन्हें सुनाई देने वाली आवाज़ें उनके कानों तक पहुँचने से पहले पानी से गुज़र कर आ रही हों, लेकिन वह भाषा बच्चों को जानी-पहचानी लग रही थी।

अंश ने फुसफुसाते हुए कहा, 'अरे, यह तो काफ़ी कुछ वैसा ही लगता है जैसे मेरी माँ हर सुबह जाप करती है।'

'तुम सही कह रहे हो,' ज़ोया ने कुछ सोचने के बाद कहा। 'वे शायद संस्कृत में बात कर रहे होंगे।'

जैसे ही पोरस ने जवाब देना शुरू किया, बच्चों ने भी उसकी आवाज़ में आवाज़ मिलकर बोलना शुरू कर दिया, 'हे सिकंदर, तो फिर मेरे साथ वैसा ही सुलूक करो जैसा एक राजा को दूसरे राजा के साथ करना चाहिए!' वह ख़ुद हैरान रह गये कि उन्होंने वही भारतीय भाषा कैसे बोली जिसमें राजा पोरस ने बात की थी!

'ठहरो! तुम्हें कैसे पता चला कि वह क्या कहने वाला था?'

बच्चों ने पीछे मुड़कर देखा तो क़रीब सोलह साल का एक खूबसूरत नौजवान वहाँ था। वह दुबला-पतला और लंबा, और उसकी आँखों से उसकी होशियारी झलक रही थी। घुँघराले काले खुले बाल उसके कंधों से नीचे तक फैले थे। रोहन ने उस लड़के के गठीले बदन को देखा तो उसके मन में जलन पैदा हुई। उसने ऐसा शरीर बनाने के लिए हर हाल में ख़ूब कसरत की होगी।

उस लड़के ने बच्चों को हैरानी से देखा और पूछा, 'तुम लोग यहाँ के तो नहीं लगते। कौन हो और कहाँ से आये हो?'

'अर...ओह...' ज़ोया की जबान लड़खड़ा गयी।

और, उन्हें पकड़ लिया गया!

• • • • • • • • • • • • • • •

उनके लिए उस अनजान लड़के को यह बताना बड़ा कठिन था कि वे भविष्य से आये हैं! ख़ुद उनके लिए भी इस बात पर यकीन करना मुश्किल हो रहा था।

तभी अचानक नूर को दूर की सूझी। 'जानते हो, हम बहुत दूर... बहुत ज़्यादा दूर... इस धरती के दक्षिण से आये हैं। सिकंदर ने फिर से बोलना शुरू किया और वे सभी मंच की ओर देखने लगे, जिससे पूछताछ का सिलसिला टूट गया और उन्हें राहत मिल गयी।

सिकंदर पोरस को इज़्ज़त की नज़र से देख रहा था। 'क्या बात है! घायल होने और इतना कुछ खोने के बावजूद भी, आप सम्मान की बात करते हैं!' उसने अपनी बाहें फैलाकर कहा, 'हे राजन, आओ, हम दोस्त बन जाएँ। हम मिलकर दुनिया फ़तह करेंगे। जैसे ही वे गले मिले, छोटे कद के सिकंदर का चेहरा पोरस की छाती में छिप गया। ऐसे में वह अपने छोटे क़द की वजह से बड़ा ही बेचारा-सा नज़र आ रहा था।

उस अनजान नौजवान ने चारों बच्चों की ओर देख कर कहा, 'आह... दक्षिण भारत।' मैंने उस जगह के कितने ही किस्से सुने हैं। अगर मेरे गुरुदेव मुझे छुट्टी दे दें तो मैं ज़रूर वहाँ जाना चाहूँगा। उसने एक आह भरी, और कहा- 'मैं चंद्रगुप्त हूँ, चन्द्रगुप्त मौर्य।' फिर मुस्कुराते हुए पूछा, 'और तुम सब घर से इतनी दूर क्या कर रहे हो?'

यह नाम सुनते ही ज़ोया की आँखें फटी की फटी रह गयीं, जबकि रोहन हकलाते हुए बोला, 'अ. . अ... अच्छा... सचमुच...' वह बड़ी शिद्दत से घर से इतनी दूर आने की कोई बताने लायक कोई वजह सोचने की कोशिश कर रहा था कि तभी सामने अफ़रा-तफ़री मच गयी।

अब तक कुछ लोग पोरस को मंच से नीचे उतार लाये थे।

सिकंदर ज़मीन पर बेजान पड़े एक काले घोड़े के पास बैठा हुआ था। अजीब बात यह है कि घोड़े का सिर गाय जैसा दिखता था, और उसके माथे पर एक सफ़ेद सितारे का निशान था। सिकंदर की आँखों से आँसू बह रहे थे। 'क्या चल रहा है?' नूर ने फुसफुसा कर पूछा. 'वह क्यों रो रहा है? मैं कुछ समझ नहीं पा रही हूँ...

चन्द्रगुप्त इस भाव से उसकी ओर घूमा जैसे कोई बड़ा कठिन काम उसके सर पर आ गया हो। 'उनका घोड़ा मर गया है,' उसने कहा, 'और यह पगला यवन कुछ ज़्यादा ही नर्म दिल किस्म का इंसान है। तुम यूँ समझो कि वह अपनी भावनाओं में कुछ ज़्यादा ही बह जाया करता है। लेकिन उसे इस तरह हर छोटी-छोटी बात पर आँसू बहाते देख कर तुम अंदाज़ा भी नहीं लगा सकते कि जंग के मैदान में वह कैसी बेरहमी के साथ मार-काट मचाता होगा। मैंने सुना है उसने अपनी ज़िंदगी में कभी कोई लड़ाई नहीं हारी...' उसकी आवाज़ में एक कड़वाहट-सी महसूस हुई।

उधर, सिकंदर ज़ोर-ज़ोर से रोये रहा था। कराहते हुए कह रहा था- हे ब्यूसिफ़ैलस! मेरे जिगरी दोस्त, जब मैं तेरह साल का था तब से तुम मेरे साथ हो ... तुम्हारे बिना अब मेरा क्या होगा? मैं दूसरे घोड़े की सवारी करने की सोच भी कैसे सकता हूँ?' वह मरे हुए घोड़े की गर्दन पर अपना सिर रखकर जोर-जोर से

रोने लगा, और तब उसकी सेना के बड़े अधिकारी आकर उसके पीछे सुरक्षा का घेरा बना कर खड़े हो गये।

बाद में जब सिकंदर खड़ा हुआ, तब उसकी पीठ तो तनी थी, लेकिन आँखें लाल थीं, और उसे अब भी बीच-बीच में हिचकियाँ आ रही थीं। फिर उसने एक घोषणा की- 'मैं ऐलान करता हूँ कि इस जगह के आसपास मेरे प्यारे घोड़े बुसेफ़ैलस, के नाम पर एक नया शहर बसाया जायेगा- एलेक्जेंड्रिया बुसेफैलिया और इस तरह मेरे वफ़ादार चौपाये साथी को हमेशा याद किया जाता रहेगा।

बच्चों के पास खड़े एक यूनानी सैनिक ने मुँह बनाकर खिल्ली उड़ाते हुए कहा, 'लो और लो? क्या पहले से ही इस नाम की जगह कोई कम हैं?'

'बीस तो पिछले आठ साल में ही बन चुकी हैं,' उसके दोस्त ने मखौल उड़ाते हुए जवाब दिया। 'बेहतर होगा कि हमारे बादशाह बीच-बीच में किसी शहर का नाम अपने वफ़ादार फ़ौजियों के नाम पर रख दिया करें।'

सिकंदर के मन में अपनों के लिए ऐसा गहरा जुड़ाव देख कर रोहन का दिल भर आया। डबडबायी आँखों के साथ उसने एल्फ़ू की ओर मुँह घुमाया, और बोला- 'मैं तुमसे बहुत प्यार करता हूँ, एल्फ़ू-बच्चू। जब तुम इस दुनिया से चले जाओगे, तो मैं किसी न किसी जगह का नाम तुम्हारे नाम पर ज़रूर रखूँगा, भले ही वह पड़ोस का एक छोटा-सा पार्क ही क्यों न हो। आख़िर हम सब विश्व विजेता तो नहीं हो सकते।'

एल्फ़ू को यह बात इतनी बुरी लगी कि उसने गले से घुरघुराहट की तेज़ आवाज़ निकाली, और तेज़ी से पीछे हट गया। मौत? रोहन उसके मरने की बात क्यों कर रहा था? वह तो अभी बड़ा भी नहीं हुआ था! उसे तो अभी बहुत जगह जाना था, बहुत सारी दावतें उड़ानी थीं।

बेचैन-परेशान एल्फ़ू वहाँ से अकेले ही कुछ दूर निकल गया। आगे उसने दुनिया के सबसे बड़े हाथियों का झुंड देखा। ओह! साथ खेलने के लिए इतने सारे एल्फ़ू, उसने खुश होकर सोचा। लेकिन जब वह उनके पास पहुँचा, तो उसे एहसास हुआ कि वे कुछ ज़्यादा ही बड़े डील-डौल वाले हाथी थे- उससे क़रीब दोगुना बड़े, और खास तौर से उनका रवैया बिल्कुल भी दोस्ताना नहीं था। उनके दाँत ही एल्फ़ू के क़द जितने लंबे थे, और उनपर धातु की नुकीली कीलें लगी थीं जो ख़तरनाक लग रही थीं।

उनके जंग में चोट खाये पैरों के चारों ओर धातु के कवच थे और पीठ पर बेहद असुविधाजनक दिखने वाले बड़े-बड़े टोकरे जैसे बंधे थे। उनमें लोग भी बैठे थे। उन्हें देखने भर से ही एल्फू की पीठ में खुजली और दर्द होने लगा था।

तभी उसने धातु के चमकते साज़ोसामान और रत्नों से लकदक एक बहुत बड़े हाथी को देखा जो उसी की ओर देख रहा था; उसके शरीर पर अलग-अलग जगह पाँच-छः बड़े-बड़े तीर लगे हुए थे। और तो और, उसके माथे पर सितारे का निशान भी था! यह सब देखकर ख़ुश हुआ एल्फू उसके क़रीब चला गया।

उसने जोर से चिंग्घाड़कर डाँट लगा दी, 'ओ अल्हड़ छोटे बच्चे! अपने से बड़ों और दूसरे दिग्गजों के बीच यहाँ तुम्हारा क्या काम? चलो, वापस अपनी माँ के पास जाओ!'

एल्फू रोहन के पास वापस चला आया और उसके पीछे छिपने की नाकाम कोशिश करने लगा। 'मैं यहीं ठीक हूँ। मुझे वास्तव में खेलने के लिए किसी और की ज़रूरत नहीं है,' वह रोनी-सी आवाज़ में बड़बड़ाया।

जब बच्चों ने पीछे मुड़कर देखा तो वहाँ चन्द्रगुप्त एल्फू की सूँड को थपथपा रहा था। एल्फू अपना सिर लगातार नीचे झुकाता जा रहा था। मस्ती में उसने आँखें बंद कर ली थीं, और ऐसा लग रहा था कि कहीं वह इसी मज़े में वहीं लुढ़क न जाये। अगर हाथियों का कोई स्वर्ग होगा, तो समझो एल्फू उस समय वहीं था।

चन्द्रगुप्त ने बड़े प्यार से कहा, 'मुझे जानवरों से प्यार है। और ऐसा लगता है जैसे वे भी मुझसे प्यार करते हैं। जो भी हो, वे हमेशा मेरी बात मानते हैं।'

बच्चे अपनी बातचीत में इतने खोये हुए थे कि उन्हें ध्यान ही नहीं रहा कि उनके आस-पास क्या हो रहा है। अचानक अंश नज़रें बचा कर नूर को पैर मारने लगा। जैसे ही वह उसे चपत लगाने के लिए घूमी, उसकी आँखें फैली रह गयीं। सभी को किसी की तेज़ आवाज़ सुनायी दी- किसी ने यूनानी भाषा में कहा था, 'वह रहा!'

बच्चों को यूनानी फ़ौजियों ने घेर रखा था, और उनके लंबे-लंबे भाले ख़तरनाक ढंग से उन्हीं की ओर तने हुए थे। वे एल्फू को शक के निगाहों से देख रहे थे। 'यह किसका हाथी है?' उन्होंने जानना चाहा। 'क्या तुम्हें नहीं मालूम कि सारे जंगी हाथी हमारी फ़ौज के मुखिया शहंशाह सिकंदर के हैं?'

बच्चों के हलक सूख गये। उनकी शामत आ गयी थी, ख़ासकर बेचारे एल्फू की।

• • • • • • • • • • • • • • • •

बेहद बेचैनी भरे कुछ पल बीतने के बाद चन्द्रगुप्त सामने आया और टूटी-फूटी यूनानी भाषा में जवाब दिया, 'नहीं! आप बहुत बड़ी ग़लती कर रहे हैं। यह... दरअसल...बौना हाथी है। यह अभिशप्त हैं। इधर देखा? माथे पर ऐसा निशान बहुत अशुभ होता है। आप इसे लेकर क्या करेंगे। आपके लिए ठीक नहीं है। हम इसे... बलि देने के लिए ... तक्षशिला ले जाते हैं।'

इस पर, वह यूनानी सैनिक बुरा होने से बचने पर मिली राहत के भाव के साथ उसी समय वहाँ से चले गये।

चन्द्रगुप्त ने अपने माथे पर आया पसीना पोंछा और राहत की साँस ली। फिर वह बच्चों की ओर मुड़ा और संस्कृत में बोला, 'चलो! भला हुआ कि उन्होंने मेरी बात पर विश्वास कर लिया, वरना तुम्हारे हाथी का काम तमाम हो जाता। आजकल इतनी लड़ाइयाँ चल रही है इसलिए इनकी माँग बहुत बढ़ गयी है। उसका ध्यान गया तो उसने देखा कि एल्फू लगातार उसी को देख रहा है। वह उसके नज़दीक गया और उसके कान में धीरे से कहा, 'नहीं, मेरे गजराज, मैं तुम्हें शापित बिल्कुल भी नहीं कहना चाहता था। वह तो सिर्फ़ उन दुष्ट लोगों को तुमसे दूर रखने के लिए कहा था। यह बात एल्फू की समझ में आ गयी और वह उसे गले लगाने के लिए सूँड से अपनी ओर खींचने लगा।

एल्फू की सूँड को सहलाते हुए चंद्रगुप्त ने कहा, 'तो ठीक है, हम सभी को लड़ाई का मैदान छोड़ देना चाहिए...अभी! अब यह जगह सुरक्षित नहीं है। मुझे तक्षशिला वापस जाना होगा। मेरे गुरु इस युद्ध के बारे में सारी जानकारी का इंतज़ार कर रहे होंगे - उन्होंने मुझे यह पता लगाने के लिए भेजा था कि यूनानी लोग लड़ाई में कैसी रणनीतियाँ अपनाते हैं। और तुम लोग किधर जाओगे?'

इस बीच रोहन ने एक बेहतरीन कहानी गढ़ ली थी।

'देखो, जैसा कि तुम जानते हो, हम दूर दक्षिण से आये हैं,' उसने कहा। 'हम चार भाई हैं जो हाल ही में अनाथ हो गये हैं। उसने नूर को होशियार करने के लिए उसे घूर कर देखा जो कि ख़ुद को लड़का बताये जाने पर चिल्लाने के लिए अपना मुँह खोलने ही वाली थी। 'हमारे पिता एक विद्वान थे जो हमेशा कहा करते थे कि शिक्षा के लिए दुनिया में सबसे अच्छी जगह तक्षशिला है। इसलिए, हम वहीं जा रहे हैं।'

चन्द्रगुप्त ने कहा, 'यह तो बहुत अच्छी बात है! तुम मेरे साथ क्यों नहीं आते? यहाँ से क़रीब एक दिन की पैदल की दूरी है, हालांकि मैं घोड़े की सवारी करूँगा। मेरा घोड़ा उधर उन पेड़ों के बीच बंधा हुआ है। ओह, और रास्ते में हमें जंगल में ही रात बितानी पड़ेगी।'

अंश ने बेचैनी के साथ नूर से बहुत धीरे से कहा, 'हमें अपने समय में वापस लौट जाने की ज़रूरत है!'

ज़ोया परेशान तो थी, लेकिन समझदारी के साथ ठीक-ठाक सोच पा रही थी।

रोहन ने उनके चेहरों को देखा और फिर चंद्रगुप्त की ओर मुड़ा। 'अगर तुम बुरा न मानो तो मैं अपने भाइयों से अकेले में कुछ बात करना चाहता हूँ।' वह अपने साथियों को चन्द्रगुप्त से दूर एक तरफ़ ले गया।

'रोहन, तुम क्या कर रहे हो?' नूर ने पूछा- उसकी फ़ुसफ़ुसाहट साँप की फुँफकार जैसी लग रही थी। 'हमें वापस जाना चाहिए। और ज़्यादा उलझनों में नहीं पड़ना है!'

'अब हमें घर लौट चलना चाहिए!' अंश ने रिरियाते हुए कहा।

रोहन ने जल्दी से फुसफुसाया, 'मुझे लगता है कि यहाँ से सीधे शहर पहुँचना हमारे लिए ठीक होगा ताकि हम अपने अगले क़दम के बारे में सोच सकें। जंग का यह मैदान हमारे लिए ठीक जगह नहीं है। जल्द ही अंधेरा हो जाएगा, और हमें नहीं मालूम कि ऐसे में अपनी जान बचाने के लिए क्या-क्या करना होगा। यहाँ हर तरफ़ ख़तरनाक, हथियारों से लैस फ़ौजी हैं। मेरा मतलब यह नहीं...

ज़ोया बीच में ही बोल पड़ी, 'रोहन सही कह रहा है दोस्तों। हमें शहर चले जाने की ज़रूरत है, क्योंकि इन तमाम मरे हुए लोगों के बीच इस अनजान जगह रुके रहना किसी भी तरह हमारे लिए ठीक नहीं है। उसके मन में भी कहीं न कहीं

तक्षशिला को देखने की बड़ी उत्सुकता थी, लेकिन वह इस बात को कभी मानने वाली नहीं थी।

नूर ख़ामोश थी। चारों तरफ़ मौत और तबाही का मंज़र देखते हुए, उसने धीरे से सिर हिलाया और कहा, 'ठीक है।'

हालांकि अंश उनकी बात नहीं मानना चाहता था, लेकिन उसने भी चुपचाप सिर हिलाकर हामी भर दी।

जैसे ही बच्चे उस युवक की ओर चलने को हुए, ज़ोया ने उन्हें रोक लिया। उसने जल्दी-जल्दी फुसफुसा कर कहा, 'रुको! क्या तुम लोगों को इस बात का एहसास है कि वह कौन है? वह चंद्रगुप्त मौर्य हैं- इतिहास में पहली बार भारत को एकछत्र साम्राज्य के रूप में जोड़ने वाले पहले सम्राट! सम्राट अशोक के दादा! मुझे लगता है मैं तो बेहोश ही हो जाऊँगी।'

दूसरे बच्चे उस युवक के चेहरे की रौनक को देखते रहे।

'यह चेहरा मुझे किसी ऐसे शख्स का बिल्कुल भी नहीं लगता जो आने वाले समय में एक खूँखार विजेता बनने वाला हो,' नूर हैरानी से बुदबुदायी।

• • • • • • • • • • • • • • •

जल्द ही, बच्चे अपने सफ़र पर निकल पड़े। घोड़े की लगाम थामे चन्द्रगुप्त बच्चों के साथ आगे-आगे चल रहा था। वे नदी के किनारे-किनारे जा रहे थे, तभी वह ज़ोया की ओर मुड़ा, जो उनके बगल में ही थी, और कहा, 'दरअसल, तक्षशिला के लिए एक सीधा मार्ग जाता है - बहुत पुराना उत्तरापथ। आमतौर पर मैं उसी से जाता हूँ। मुझे यकीन है तुमने उसके बारे में सुना होगा।'

जब उसने ज़ोया को सिर हिलाकर हामी भरते देखा, तो आगे बोलना जारी रखा, 'देखो, मुझे लगता है कि हमें अभी किसी भी कीमत पर इस रास्ते जाने से बचना चाहिए - यूनानी अभी भी तबाही मचाने में लगे हैं, और अगर वे घोड़े और हाथी को देख लेते हैं, तो यकीनन अपने इस्तेमाल के लिए इन्हें कब्जे में ले लेंगे।

रोहन ने पीछे से ही हाँ में हाँ मिलायी। 'हाँ, हाँ। ऐसे में तो बेशक हमें दूसरा रास्ता अपनाना चाहिए ... लेकिन, कौन सा?'

नदी में जहाँ पाट संकरा था, उस ओर इशारा करते हुए, चन्द्रगुप्त ने कहा, 'देखो, नदी पार करके हमें जंगल वाले उस रास्ते से जाना होगा जिस पर कम लोग आते-जाते हैं, लेकिन मेरे साथ जाने से तुम्हें किसी ख़तरे का सामना नहीं करना पड़ेगा।

बच्चों को आगे नदी के किनारे कुछ लोग दिखाई दिये। कुछ मल्लाह किनारे बंधी अपनी नावों में आराम से गपशप कर रहे थे। उन्हें नज़रअंदाज़ करते हुए चन्द्रगुप्त तेज़ी से आगे बढ़ते गये और कुछ दूर जाकर ठहर गये। जब बच्चे उनके पास पहुँचे, उनके सामने बेहद अजीब नज़ारा था। नदी में एक मरी हुई भैंस उलटी तैर रही थी... और वह फूली हुई लग रही थी! उसके एक फूले हुए पैर में एक रस्सी बंधी हुई थी, और रस्सी का दूसरा सिरा नदी के किनारे उकड़ू बैठे एक आदमी ने पकड़ रखा था।

नूर चिल्लाई, 'ये क्या है? भैंसे का गुब्बारा? देखो वह दूसरा आदमी क्या कर रहा है!'

उस आदमी का साथी उसके बगल में बैठा था, और भैंसे की दूसरी खाल में एक पैर के सुराख के ज़रिए अपने मुँह से फूँक-फूँक कर हवा भर रहा था!

बच्चों को यह देखकर घिन आ रही थी ख़ासकर अंश को, जिसका बुरा-सा मुँह बन गया था।

इस बीच, चन्द्रगुप्त पहले वाले आदमी के पास पहुँचा और पूछा, 'हमें उस पार जाना है... कितना लगेगा?'

उस आदमी ने चन्द्रगुप्त से लेकर हरेक बच्चे पर नज़र डाली, फिर जानवरों को देखा।

"घोड़े और हाथी का अलग से देना होगा, उसने आराम से कहा। इस बीच, बच्चों के चेहरों पर पल-पल ख़ौफ़ का साया गहराता जा रहा था। बेशक, चन्द्रगुप्त पर यह बात नहीं लागू होती थी... जब चंद्रगुप्त ने अच्छी तरह बातचीत करके सब तय कर लिया तब बच्चों की ओर मुड़ा- 'चलो चलें!' वह बोला।

यह सुनकर तो जैसे बच्चों पर बिजली ही गिर गयी हो! वे डरी-डरी नज़रों से उसकी ओर देखने लगे।

'कैसे?' नूर ने चिल्ला कर पूछा। 'भैंसा गुब्बारे से?'

उसने हल्की-सी हँसी के साथ जवाब दिया, 'बिलकुल, इसी से। हम इससे ज़्यादा कुछ नहीं कर सकते हैं। आचार्य मुझे कोई ज़्यादा जेब खर्च नहीं देते।

नदी में उतरने से पहले उसने अपनी कमर पर बंधी थैली निकाली और उसे अच्छी तरह अपनी पगड़ी में बाँध लिया। चन्द्रगुप्त ने घोड़े की लगाम को हवा भरे भैंसे के अगले पैर से बाँध दिया और दूसरे पैर को एक हाथ से कस कर पकड़ लिया।

उसकी देखा-देखी बच्चों ने भी अपनी थैलियाँ अपनी पगड़ियों के साथ बाँध लीं। और कोई चारा भी नहीं था। ज़ोया अलग परेशान थी- वह धीरे से बोली, 'मेरा फोन ख़राब होने से बचा रहे।'

बुझे मन से वे चन्द्रगुप्त की ओर देखते रहे। फिर, अनमने से ही सही, नूर भी उसी की तरह नदी में उतर गयी और उसने भी भैंसे की फूली खाल के पैरों में से एक को पकड़ लिया। फिर ज़ोया आगे बढ़ी और उसने तीसरा पैर पकड़ लिया। रोहन दूसरे भैंसे के पास पहुँचा और एल्फू को पानी में चलने के लिए कहा। एल्फू के लिए यह मुश्किल नहीं था, क्योंकि उसे तैरने में बड़ा मजा आता था। सबसे आखिर में अंश आया, क्योंकि वही था जिसका इस तरह नदी पार करने का बिल्कुल भी मन नहीं था।

दो आदमी आये और जल्दी-जल्दी फूले भैंसों को झेलम की उफनती धारा में ले जाने लगे।

तेज़ बहाव आगे बढ़ते हुए बच्चों को अपने साथ खींचे लिए जा रहा था और उबड़-खाबड़ पत्थरों से टकरा कर वे बार-बार लड़खड़ा जाते थे, लेकिन उन्होंने फूले भैंसों को कस कर पकड़े रखा। दूसरा किनारा कुछ ज़्यादा ही दूर लग रहा था। फिर नदी अचानक गहरी हो गयी, और तब हर किसी को एक हाथ से अजीब ढंग से तैरने के लिए मजबूर होना पड़ा, क्योंकि जान बचाने की ख़ातिर दूसरे हाथ से फूले हुए भैंसे को पकड़े रखना ज़रूरी था।

एल्फू अलग तैर रहा था, लेकिन आपसदारी में उसने भी भैंसे की खाल के अगले पैर को अपनी सूँड से पकड़ रखा था। आख़िरकार उन्हें तब जाकर बड़ी राहत मिली जब वे लड़खड़ाते हुए नदी के दूसरे किनारे पर जा पहुँचे।

जब चन्द्रगुप्त ने भीगे और बदहाल से लग रहे बच्चों को देखा तो वह मुँह फेर कर हँसने लगा। फिर उन्होंने बड़े प्यार से कहा, 'चिंता मत करो, तुम्हारे कपड़े जल्द ही सूख जाएँगे। वह अपने घोड़े की लगाम थामे हुए पेड़ों की ओर चलने लगे। एल्फू जितना हो सके उनके करीब रहा, जबकि बच्चे थोड़ा पीछे चल रहे थे। एल्फू के इस तरह दूरी बनाने से थोड़ा चिढ़कर रोहन भी दूसरे लड़के के साथ हो लिया। वे जल्द ही एक घने जंगल के गहरे साये वाले इलाके में पहुँच गये, जहाँ हर तरफ़ बहुत बड़े-बड़े पेड़ थे।

लोगों के चलने से बनी एक कच्ची और सँकरी पगडंडी पर आगे-आगे चलते हुए, चन्द्रगुप्त ने कहा, 'अंधेरा होने में बस दो-तीन घंटे और हैं, और फिर हमें

रात बिताने के लिए हमें कहीं ठहरना होगा। कल शाम तक हमें तक्षशिला पहुँच जाना चाहिए।

अपने ही ख़यालों में डूबे अंश, ज़ोया और नूर सबसे पीछे धीरे-धीरे चलते हुए उस जगह के माहौल को अपने अंदर उतारते रहे।

अंश ने बेचैन होकर कहा, 'उम्म, हम घर कैसे पहुँचेंगे? मुझे पता था कि यह बिगड़ैल हाथी हमारा कुछ भला नहीं कर सकता!'

'हर बात के लिए बेचारे एल्फ़ू को ज़िम्मेदार ठहराना बंद करो।' नूर ने पलट कर जवाब दिया, फिर उसने बड़े ग़ौर से चारों तरफ़ देखते हुए पूछा- 'क्या यह पंजाब का हिस्सा नहीं है?'।

अपने आप में खोयी ज़ोया ने जवाब तो 'हाँ,' में दे दिया, लेकिन वह अपने फ़ोन पर कुछ करने में लगी रही।

'यह मेरे पुरखों की जगह है!' नूर चहकते हुए ज़ोर से बोली। 'लेकिन क्या यहाँ कुछ ज़्यादा ही पेड़ नहीं हैं? दूर-दूर तक फैले सरसों के खेत कहाँ है? मक्के की रोटी? यम्म! मुझे तो भूख लगने लगी है।'

ज़ोया ने ऊपर देखा। और कहा, 'मक्का तो मक्का है, जो अमेरिका से आया है। पुर्तगालियों के आने तक, यानी अगले 1,800 साल तक वह भारत नहीं पहुँचेगा।' चलते-चलते वह कहीं और नहीं खोयी हुई थी, बल्कि बड़े मन से बच्चों के इतिहास वाले ऐप में दिलचस्प बातें पढ़ रही थी।

चन्द्रगुप्त की नज़र उसके फ़ोन पर पड़ी तो उन्होंने हैरानी से पूछा, 'अरे! यह क्या है? ऐसी कोई चीज़ मैंने पहले कभी नहीं देखी।'

ज़ोया ने तेज़ी से दिमाग चलाया और जवाब में कहा, 'अर्रे, यह दक्षिण भारत की एक ख़ास चीज़ है, यूँ समझो... और इससे हमें हिसाब-किताब करने और कई चीज़ों को याद रखने में मदद मिलती है।'

चन्द्रगुप्त ने स्क्रीन पर अंग्रेजी वर्णमाला के अक्षरों को देखा और उत्सुकता से पूछा, 'और यह लिखावट? मैंने ऐसी लिपि पहले कभी नहीं देखी।'

'ओह, यह हमारे गाँव की ख़ासियत है, कि हमारी अपनी अलग लिपि है। ज़ोया ने झट से फ़ोन वापस अपनी थैली में रख लिया। आँख ओझल, पहाड़ ओझल- उसने उम्मीद के साथ ऐसा सोचा। 'वैसे आप भी तो हमें अपने बारे में

बतायें- क्या आप यहीं पले-बढ़े हैं?' उसने चन्द्रगुप्त से पूछा। वह पहले से ही जानती थी कि वह बिहार से है, जो कि... जो वहाँ से बहुत दूर था।

चन्द्रगुप्त ने कहा, 'मैं सुदूर पूर्व के शक्तिशाली महाजनपद मगध से हूँ...जहाँ क्रूर धनानंद का राज है। वह अब तक का सबसे शक्तिशाली राजा है।'

नहीं...वह तो तुम ही होगे, ज़ोया ने मन ही मन हँसते हुए सोचा।

चन्द्रगुप्त ने आगे कहा, 'मुझे मेरे गुरु तक्षशिला ले आये थे, ताकि मैं विद्याओं का अध्ययन करके राजा बनूँ।'

'मुझे पूरा यकीन है,' ज़ोया मन ही मन हँसी।

'और तुम आचार्य चाणक्य के साथ कितने समय से हो...?' जैसे ही यह शब्द उसके मुँह से बाहर निकले, ज़ोया के गाल सुर्ख़ लाल हो गये। भेद खुलने को था।

चन्द्रगुप्त उसे बेहद हैरानी से एकटक देखता रह गया। 'तुम मेरे गुरु का नाम कैसे जानती हो?'

'देखो... उनका यश दक्षिण तक फैल चुका है...' अपनी बात पर भरोसा दिलाने के लिए उसने यह कहा ज़रूर, लेकिन उसका जवाब खोखला-सा था। 'इसलिए, मैंने मान लिया था कि आप उन्हीं से विद्याएँ सीख रहे होंगे, क्योंकि उन्हें ही तक्षशिला में सबसे अच्छा बताया जाता है।'

नूर ने खीजते हुए उसे देखा और बीच में कूद पड़ी। 'तो, मुझे बताओ, चंदू, यहाँ इतने सारे पेड़ और जंगल कैसे हैं? मैंने तो सोचा था कि फ़सलों के लिए यहाँ खेत कहीं ज़्यादा होंगे?'

'चंदू? क्या?' उसने पूछा। हैरानी से उनकी आँखें फैल गयीं, जैसे उन्हें विश्वास ही न हुआ हो कि कोई उसे इस तरह भी पुकार सकता है। फिर उसने नूर को जवाब देते हुए कहा- 'वैसे, यह इलाका अपने घने जंगलों के लिए जाना जाता है। यहाँ तुम्हें इतने मोटे तने वाले पेड़ मिलेंगे कि चार आदमी एक दूसरे के हाथ पकड़ कर घेरा बनाएँ तो भी वह तने को घेर न पायें!'

नूर अपनी आँखें गोल-गोल घुमाते हुए उन तमाम हिंदी फिल्मों के बारे में सोचने लगी जिनमें पंजाब को बिना पेड़ों के सीधे-सपाट मैदानी इलाके के तौर पर दिखाया गया था।

जैसे-जैसे बच्चे बातचीत करते हुए आगे बढ़ते जा रहे थे, गर्म और उमस भरा मानसून का मौसम ज़ोर पकड़ने लगा। उनके माथे से पसीने की धार बहने लगी। अंश सबसे पहले गर्मी से कुम्हलाने लगा। उसकी चाल लगातार धीमी पड़ती चली जा रही थी, तब नूर ने पीछे मुड़कर उससे कहा, 'देख लेना, जल्द ही कोई घोंघा तुमसे आगे निकल जाएगा।'

'बहुत गर्मी है! और मैं थक चुका हूँ! और मुझे पानी चाहिए!' वह रोनी-सी आवाज़ में बोला।

'बस थोड़ा और चलना है,' ज़ोया ने हौसला बढ़ाते हुए कहा।

'मुझे...घर...जाना... है। प्लेन से जाना है। अभी जाना है!' ज़ोर से चिल्लाता अंश वहीं फैल गया। उसके सब्र का बाँध टूट चुका था। 'मुझे अपनी कार, अपना एयर कंडीशनर और अपना बिस्तर चाहिए। मुझे मेरी माँ चाहिए!'

दूसरे लोग देखते रहे, उनके दिल की धड़कनें भी तेज़ हो गयीं, और चन्द्रगुप्त इन अनजाने शब्दों को सुनकर बुरी तरह नाक-भौंह सिकोड़ने लगा।

रोहन, ज़ोया और नूर के चेहरों पर हवाइयाँ उड़ने लगीं, और वे ठगे से अंश को देखते रह गये। इस बार लग रहा था कि सारा खेल सचमुच कुछ पल में, पूरी तरह ख़त्म हो जाएगा।

•••••••••••••••

चन्द्रगुप्त पहले अंश की शक्ल देखता रहा, फिर रोहन की ओर मुड़ा और परेशान होकर पूछा, 'प्लाएन? आरकानडीशनर? कआर? ये कौन-सी चीज़ें हैं जो ये माँग रहा है?'

रोहन को सूझ नहीं रहा था कि वह क्या कहे। जब वह सोच रहा था कि कैसे जवाब दिया जाये, उसकी नज़र एल्फ़ू पर पड़ी, जो बड़े मज़े से पत्तियाँ चबाये जा रहा था। उसने तुरंत जवाब दिया, 'अरे, वे तो हमारे पालतू जानवर हैं घर पर! जानते हो, मेरा भाई उनसे बहुत जुड़ा हुआ है। उसे उनकी बहुत याद आ रही है...'

यह बात चन्द्रगुप्त को ठीक लगी। 'हाँ, मुझे भी जानवरों से प्यार है। लेकिन ये कौन से पालतू जानवर हैं?'

रोहन को सवालों का सामना करने में दिक़्क़त होती देख नूर ने जवाब दिया, 'अरे! ये बहुत ख़ास पालतू जानवर हैं। सचमुच, बेहद ख़ास।'

'कार दौड़ने में बहुत तेज़ होती है!' नूर ने अपना हाथ तेज़ी से आगे बढ़ाते हुए कहा। 'यह सभी को पछाड़ देती है- कोई ख़ुद को कितना भी तेज़ समझे। प्लेन एक बहुत बड़ा उड़ने वाला पक्षी है... ये मेरा भाई हमेशा उसके साथ सैर के लिए जाना चाहता है!' उसने अंश की पीठ पर मज़े-मज़े में एक धौल जमाया।

जब उसने देखा कि ज़ोया अपनी हँसी को दबाने की कोशिश कर रही है, तो उसने ध्यान खींचने के लिए बात को और आगे बढ़ाया।

'और एयर कंडीशनर... अब मैं उसके बारे में कहाँ से बताना शुरू करूँ? अभी वह यहाँ मेरे पास होता तो मुझे बहुत अच्छा लगता! कभी-कभी, हम सब बस उसके आगे खड़े हो जाते हैं और चाहते हैं कि वह साँस लेता रहे, और यही हमें बहुत अच्छा लगता है।' ...उसने एक आह भरी, और अपने घर में लगे एयरकंडीशनर को याद करने लगी।

चन्द्रगुप्त को देखने से लग रहा था कि उसे कुछ समझ में नहीं आ रहा था। बड़े-बड़े पक्षी जो लोगों को सैर करा सकते हैं? और जानवरों से प्यार मुझे भी है, लेकिन सिर्फ़ किसी जानवर के साँस लेने भर से मुझे किस तरह का सुख मिल सकता है। वह जितना सोचता, इनके बारे में जानने की बेचैनी और बढ़ती जाती। कुछ समझ में न आने पर सिर हिलाते हुए उसने एक गहरी साँस ली, और अंश को बहलाते हुए कहा, 'आओ, तुम्हारे लिए थोड़ा पानी ढूँढते हैं। तुम अच्छा महसूस करोगे।'

चन्द्रगुप्त ने पहले एक दिशा में कान लगाकर कुछ सुनने की कोशिश की, फिर दूसरी दिशा में। फिर, वह उन्हें एक जगह ले गया जहाँ बिलकुल साफ़ पानी की धारा बह रही थी। उसने अपनी थैली से एक पतला कपड़ा निकाला और उससे पानी को छानकर चमड़े की एक छोटी-सी थैली में भर लिया। इसी बीच उसका घोड़ा जी भर कर अपनी प्यास बुझाता रहा।

'लो, थोड़ा पानी पी लो,' उसने अंश से कहा। अंश ने थैली को ऐसे देखा जैसे उसमें पानी न होकर कोई ज़हर हो।

'ये! तुम चाहते हो कि मैं यह पिऊँ... इस धारा का... उसे नहीं सूझा कि और क्या कहे।

वह आपे में नहीं रहा और ज़ोर से चिल्लाया, 'क्या हमें कहीं से बिसलेरी मिल सकती है?'

चन्द्रगुप्त इस सबसे उलझन में पड़ चुका था, और ज़ोया अंश को आँखें दिखा रही थी। 'बिश-लेरी? यह क्या है?' उसने पूछा।

'अरे, वह तो हमारे गांव में बिसलेरी नाम की एक ख़ास धारा है, और हर कोई पीने का पानी वहीं से लेता है। अभी हम दक्षिण में नहीं हैं, मेरे भाई। 'चुपचाप इसे ही पी लो...' ज़ोया ने अंश को आँखों ही आँखों में समझाते हुए कहा।

अंश ख़ामोश हो गया और मजबूर होकर पानी पीने लगा। अरे, इसमें तो बड़ी ताज़गी है, उसने सोचा। इसका स्वाद तो रिसॉर्ट में ठहरने वाले मेहमानों को दिये जाने वाले पहाड़ी सोतों के बोतलबंद पानी जैसा है! और मुझे यह मुफ़्त में मिल रहा है!

• • • • • • • • • • • • • • • •

ऐसा लग रहा था जैसे इस यात्रा में कई युग लग जायेंगे। घनी झाड़ियों की वजह से आगे बढ़ना कठिन हो गया था, और ऊँचे पेड़ों के बीच से छन कर आती हल्की-सी धूप के धब्बे कहीं-कहीं नज़र आते थे। काई और सीलन की बासी-सी गंध हवा में फैली हुई थी। उनके चारों ओर लगातार कुछ न कुछ हलचल मची थी क्योंकि खरगोश, साही और दूसरे छोटे-छोटे जानवर घास और झाड़ियों में इधर-उधर भागदौड़ कर रहे थे।

'ओह!' ज़ोया चिल्लाई, 'मुझे लगता है कि मेरे पैर से अभी-अभी कुछ कुचल गया है!'

ज़ोया की चप्पल की चपेट में आकर बुरी तरह कुचले उस बड़े से अभागे कीड़े को सभी ने कुछ पल रुक कर देखा जिसका रस निकल गया था।

'नीचे मत देखो, बस चलते रहो,' रोहन ने सलाह दी।

'हाँह,' ज़ोया ने हामी भरते हुए कहा, और मन पक्का करके नाक की सीध में देखते हुए आगे-आगे बढ़ती रही।

जैसे ही सूरज ढलने को हुआ, पक्षियों ने और ज़्यादा ज़ोर से चहचहाना शुरू कर दिया, और फिर वहाँ कानफोड़ू शोर होने लगा।

कुछ ही देर में चंद्रगुप्त ने कहा, 'अकेला होता तो मैं सीधे चला जाता, लेकिन तुम सब हो तो आओ रात बिताने के लिए यहाँ रुक जाते हैं।' उसने पेड़ों के एक छोटे से झुरमुट की ओर इशारा किया। चलते-चलते उसने आग के लिए टहनियाँ इकट्ठी कर ली थीं, और जल्द ही वहाँ एक छोटी-सी आग जलायी। 'तो यह आग! तरह-तरह के रेंगने वाले जीवों को दूर रखने का काम करेगी।' उसने राहत महसूस करते हुए कहा।

'रेंगने वाले जीव?' अंश ने घबराकर दोहराया। 'किस तरह के जीव? और हम कितनी तरह के जीवों की बात कर रहे हैं?'

चन्द्रगुप्त ने ठहाका लगाया, और पूरा जंगल गूँज उठा।

'चिंता मत करो, मेरे छोटे से दोस्त। आराम से रहो। मैं ख़ुद पूरा ध्यान रखूँगा कि तुम्हें... लुटेरों, बाघों और रेंगने वाले जीवों से कोई नुकसान न पहुँचे!'

'हम क्या खाएँगे?' ज़ोया सोचते-सोचते पूछ ही बैठी।

'देखो, मेरे पास कुछ भुने हुए चने हैं, जिन्हें हम बाँट कर खा सकते हैं, उन्होंने जवाब दिया, यात्रियों के खाने की ख़ास चीज़। फिर आस-पास के पेड़ों की ओर इशारा करते हुए कहा, 'और यहाँ आम भी हैं।'

'क्या? यहाँ आम हैं?' रोहन ख़ुशी से चिल्लाया। 'अपने चारों ओर देखो,' चंद्रगुप्त ने जवाब दिया, 'गर्मी का मौसम है, हर जगह आम ही आम हैं!'

ऐसा ही था! जैसे ही शाम के गहराते धुंधलके में ऊपर देखा, तो हर किसी को समझ में आया कि वे दरअसल आम के पेड़ों के झुरमुट के बीच में थे! जहाँ तक नज़र जाती थी, आमों से लदे पेड़ उनके भार से झुके जा रहे थे। अचानक उन्होंने देखा कि एल्फ़ू पहले ही आमों को एक-एक करके तोड़कर बड़े मज़े से अपने मुँह में डालता जा रहा था।

ख़ुशी के मारे, उन्होंने चुन-चुन कर आम तोड़ना और दाँत से काट कर उनका रसीला गूदा चूसना शुरू कर दिया। उनके हाथ-मुँह ज़रूर बुरी तरह सन गये थे, लेकिन सबने आम की दावत का पूरा मज़ा लिया। जल्द ही, एल्फ़ू समेत सभी लोगों को, भरपेट आम खाने के बाद अनिवार्यतः आनेवाली नींद ने घेर लिया।

अपनी तलवार अपने पैरों के बीच रखकर चन्द्रगुप्त आग के सामने उकड़ूँ बैठ गया।

नूर ने ख़ुद से आगे बढ़ कर कहा, 'तुम्हारे बाद मैं पहरा दे सकती हूँ, चंदू। मुझे डर नहीं लगता।'

'ठीक है, मैं तुम्हें एक प्रहर के बाद जगा दूँगा,' चन्द्रगुप्त ने मुस्कुराकर कहा।

ज़ोया दूसरों को समझाने के लिए फुसफुसाई, 'मतलब तीन घंटे।'

नूर भी उसकी ओर देखकर मुस्कुराई, चंद्रगुप्त के पास ही ज़मीन पर लेट गयी और पलक झपकते ही सो गयी।

लेटने से पहले झिझकते हुए जंगल की सख़्त ज़मीन को कुछ देर देखने के बाद एक-एक करके बाकी लोग भी नींद के आग़ोश में चले गये। रोहन उनींदी आँखों से टिमटिमाते हुए जुगनुओं को इधर-उधर उड़ते देख रहा था। जैसे ही वह शाँत मन से जंगल की आवाज़ें - आते-जाते छोटे जानवरों के घास पर चलने से होने वाली सरसराहट, रात बिताने अपने ठिकाने पर पहुँचने वाले परिंदों का पंख फड़फड़ाते हुए चहचहाना सुनने लगा, उसकी आँखें मुँद गयीं

ज़ोया लेट गयी और रात के खाने के बारे में देर तक सोचती रही। बेशक आम बहुत अच्छे थे, लेकिन अम्मी आज बिरयानी बनाने वाली थीं और उसे बिरयानी बहुत पसंद थी। नींद में ही वह बीते हुए कुछ घंटों के बारे में सोचती रही। मुझे विश्वास नहीं हो रहा था कि यह सब क्या हो रहा है... कहीं यह कोई सपना तो नहीं? यही सब सोचते-सोचते वह गहरी नींद में डूब गयी।

ख़ुद को नींद के हवाले करना अंश को सबसे कठिन लग रहा था। ज़मीन सख़्त थी और कंकड़ चुभ रहे थे। उसे यकीन था कि हर तरफ़ से हज़ारों तेज़ आँखें उसी पर टिकी हैं। उसे अपने कमरे के अपने बिस्तर की याद आ रही थी जहाँ कोई कीड़े-मकोड़े या जंगली जानवर आस-पास नहीं फटकते थे। मुझे माँ के पास वापस जाना ही होगा, उसने सोचा। अब तक तो वह बेहाल हो रही होंगी। हम कभी वापस लौट पाएँगे? कैसे? इतनी चिंताओं के बावजूद आख़िरकार उसे नींद आ गयी।

•••••••••••••••

नूर को अपने कंधे पर हल्की-सी थपकी महसूस हुई और वह चौंक कर नींद से उठ बैठी। वह बैठे-बैठे ऊँघ रही थी, तभी चंद्रगुप्त ने धीरे से कहा, 'मैंने आग में थोड़ी लकड़ियाँ डाल दी हैं - अगर कोई परेशानी हो तो मुझे जगा देना।'

'चिंता मत करो, चंदू, मैं समझ गयी हूँ,' उसने पूरे आत्मविश्वास के साथ फुसफुसा कर कहा। मुझे रोमांच पसंद है, यह सोचते हुए उसने एक टहनी से आग को कुरेदा और नाचती हुई लपटों के जादू में डूब गयी। यह क्या मज़ेदा...'

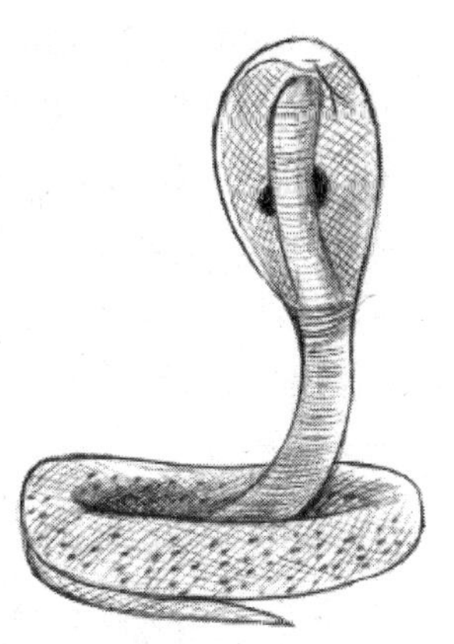

फुफकार की आवाज़ से नूर की सारी नींद काफ़ूर हो गयी और वह चौंककर जाग गयी। रोशनी की फीकी-सी किरणों से आसमान में उजाला सा होने लगा था। आग बुझ चुकी थी और सिर्फ़ सुलगते हुए अंगारे ही बचे थे। उसके सामने एक बहुत बड़ा डरावना नाग फन फैलाये बैठा था।

•••••••••••••••

'अरे, चंदू...' नूर ने बिना हिले-डुले अपनी बाज़ू को पीछे ले जाकर चंदू तक पहुँचने की पूरी कोशिश करते हुए बेचैनी के साथ फुसफुसाया। उसका दिल ज़ोर-ज़ोर से धड़कने लगा था।

'चंदू, उठो!' नूर इस बार और ज़्यादा ज़ोर से बोली।

इस बीच साँप इधर-उधर डोलने लगा था। यह कोई ऐसा नज़ारा नहीं था जिसे देखकर कोई चैन से बैठा रह सके।

चन्द्रगुप्त जाग गया और उसे सारा माजरा समझते ज़रा भी देर नहीं लगी। वहीं पीछे से उसने धीमी आवाज़ में कहा, 'नूर, शाँत रहो। और किसी भी हालत में हिलना-डुलना नहीं। फिर, वह वहाँ से दूरी बनाये रख कर सरकता हुआ साँप के पीछे की तरफ़ आ गया। उसने अपने पैरों से हल्की थपथपाहट की आवाज़ करनी शुरू कर दी। तय तत तत तत तत तत... साँप धीरे से नूर की ओर से फन फेर कर चन्द्रगुप्त की ओर घूम गया। फिर उसने धीरे-धीरे पीछे हटते हुए अपने पैरों की थाप की लय बदल दी। अचानक, साँप ज़मीन पर लेट गया और कुछ पल अपनी नशीली आँखों से उसे देखते रहने के बाद रेंगता हुआ वहाँ से चुपचाप निकल गया।

बच्चों की तरफ़ से अभी भी बीच-बीच में खर्राटों की आवाज़ें आ रही थीं।

'उफ़!' राहत की साँस लेने के साथ नूर के मुँह से निकला।

'तुमने हमें बचा लिया... एक बार फिर!'

'यह कोई बड़ी बात नहीं थी,' चन्द्रगुप्त ने जवाब दिया। 'हमारे गाँव में तो बहुत साँप हैं। मैंने यह तरकीब एक सँपेरे से सीखी थी। मुझे खुशी है कि यह काम कर गयी, क्योंकि इसके अलावा मुझे बचाव का और कोई रास्ता नहीं मालूम था...'

• • • • • • • • • • • • • • •

सभी के जाग जाने पर नूर ने बड़े जोश के साथ साँप वाली घटना के बारे में सबको एक-एक बात बतायी। इसके बाद वे सब पास बहने वाली छोटी-सी नदी में नहाये, और फिर अपने आगे के सफ़र पर निकल पड़े।

चारों दोस्तों को चन्द्रगुप्त की ज़िंदगी के बारे में पता चला कि कैसे उसे नहीं मालूम कि उसके पिता कैसे थे, क्योंकि होश संभालने से पहले ही वह अपने पिता से दूर हो चुका था, कैसे उसे उसके परिवार के दुश्मनों से बचाने के लिए एक चरवाहे ने उसे पाला था, और कैसे उसे कुछ समय एक शिकारी के लिए काम करना पड़ा था।

'आचार्य का मानना है कि मेरा प्रशिक्षण जल्द ही पूरा हो जायेगा,' चन्द्रगुप्त ने ख़ुद पर पूरा विश्वास जताते हुए कहा। 'हम उस दुष्ट नंद को कुचल डालेंगे, और अपने परिवार का खोया हुआ सम्मान हमें फिर हासिल हो सकेगा। फिर उसने आगे कुछ दूरी पर इशारा किया। वह, देखो!' उसने चिल्लाकर कहा। 'हम शहर के बाहरी इलाके के पास हैं। अब ज़्यादा दूर नहीं हैं।'

उन्होंने देखा कि घना जंगल पीछे छूट रहा है और आगे खुली जगह है। जल्द ही उन्हें एक कच्ची, लेकिन चौड़ी सड़क मिल गयी और वह उसी पर आगे बढ़ने लगे, जिसके दोनों ओर हाल ही में रोपे गये धान के हरे-भरे खेत थे।

बहुत हुआ, ज़ोया ने सोचा। वह ऐसा ज़ाहिर नहीं होने देगी, ख़ासकर अंश के सामने, लेकिन अब उसके सब्र का बाँध भी टूटने को था। उसने पिछले साल भर में इतनी कसरत नहीं की थी जितनी पिछले चौबीस घंटों में हो गयी थी!

पत्थर जैसे भारी हो रहे अपने पैरों और दर्द से टूटते बदन की तरफ़ से अपना ध्यान हटाने की कोशिश करते हुए ज़ोया ने दूसरी बात छेड़ी, 'हमें अपने गुरु के बारे में और बताओ।'

'जैसा कि तुम जानते होगे, उन्हें कई नामों से जाना जाता है। जन्म के समय उनका नाम विष्णुगुप्त रखा गया था, लेकिन मैं उन्हें आचार्य चाणक्य कहता हूँ।

वह राजनीति-विज्ञान के एक जाने-माने ब्राह्मण आचार्य हैं,' चंद्रगुप्त ने कहा।' कुछ साल पहले वह राजा नंद के दरबार में गये थे और वहाँ उन्हें भयंकर अपमान सहना पड़ा था। उन्हें अंदर बुलाना और उनके पैर धोना तो दूर की बात, राजा उनका स्वागत करने के लिए खड़ा भी नहीं हुआ। और तो और, वह बेवकूफ़ आदमी आचार्य की शक्ल-सूरत देखकर हँस दिया!'

इतना कहते-कहते चन्द्रगुप्त गुस्से से काँप उठा।

'आचार्य भी... कोई बहुत शाँत किस्म के लोगों में से नहीं हैं, और उन्होंने वहीं पर क़सम खायी कि वह तब तक चैन से नहीं बैठेंगे जब तक कि वह पूरे नंद राजवंश को ख़त्म नहीं कर देते। धनानंद बहुत गुस्से में था, लेकिन वह एक ब्राह्मण की हत्या का पाप अपने सिर लेने से डर गया था।'

जैसे ही ज़ोया ने देखा कि इस बात से बाकी लोग उलझन में पड़ गये हैं, तो उन्हें आँखों से चुप रहने का इशारा किया और बोली, 'बिल्कुल, बिल्कुल। ऐसा करने के बारे में तो सोचा भी नहीं जा सकता।'

उसने बाकी लोगों से अंग्रेजी में फुसफुसाकर कहा, 'प्राचीन भारत में लोगों का मानना था कि अगर कोई किसी ब्राह्मण की हत्या कर देता है, तो उसे कभी ब्रह्महत्या के शाप से छुटकारा नहीं मिलता।'

चन्द्रगुप्त ने आगे कहा, 'आचार्य अपने लिए एक सही व्यक्ति की तलाश में देश भर में भटकते रहे, लेकिन लंबे समय तक उन्हें कोई नहीं मिला। फिर एक दिन, जब वह मेरे गाँव से गुज़र रहे थे, उन्होंने मुझे अपने साथियों के साथ नाटक खेलते हुए देखा। नाटक में मैं राजा की भूमिका का कर रहा था- अदालत लगी हुई थी, और मुझे फैसला करना था कि कौन सही है और कौन ग़लत। यह उस समय की बात है जब मैं शिकारी के यहाँ काम कर रहा था। आचार्य ने मुझसे कुछ सवाल किये और फिर, इससे पहले कि मैं कुछ समझ पाता, उन्होंने मेरे मालिक से मुझे अपने साथ ले जाने और मुझे एक योद्धा बनाने की बात कर ली। ज़रा सोचो! उन्होंने मुझे चुना! जबकि हम तो काफ़ी मामूली से लोग थे। तो इस तरह मैं यहाँ पहुँचा।'

'क्या तुम हर समय उन्हीं के साथ रहते हो?' नूर ने उत्सुकता से पूछा।

'हाँ, मैं पिछले कुछ साल से तक्षशिला में उनके साथ रह रहा हूँ,' चन्द्रगुप्त ने ऐसा सवाल पूछने पर हैरानी के साथ जवाब दिया।

पल भर रुकने के बाद उसने कहा, 'क्या दक्षिण में ऐसा नहीं होता है? तक्षशिला में सभी विद्यार्थी अपने गुरुजनों के साथ परिवार के सदस्य की तरह रहते हैं जब तक कि यह साफ़ नहीं हो जाता कि वे समाज में रहने लिए तैयार हो गये हैं।'

उनमें से किसी के पास उसके सवाल का जवाब नहीं था।

'कैसा लगता है? आचार्य के साथ रहना?' बात बदलने की कोशिश करते हुए नूर ने अचानक पूछ लिया।

'आचार्य चाणक्य का गुस्सा बड़ा बुरा है और उनसे न कहना आसान नहीं है। और वह मेरे साथ कड़ी मेहनत करते हैं... आराम का तो नाम ही नहीं लेते!' चन्द्रगुप्त ने कहा, लेकिन उसके कहने के अंदाज़ में अपने गुरु की तारीफ़ भरी हुई थी।

'लेकिन उनके जैसे गुरु शायद ही कभी हुए हों!'

'अच्छा जी,' अंश ने अपने स्कूल के सख़्ती करने वाले शिक्षकों के बारे में सोचते हुए शक्की लहजे में कहा। वह खुश था कि उसे हर रोज़ घर जाने को मिलता था- जहाँ माँ होती है।

जब वे एक शहर के बाहरी इलाके में पहुँचे तब दोपहर हो चुकी थी। सड़क पर भीड़भाड़ काफ़ी बढ़ चुकी थी. दर्जनों पैदल यात्री एक ओर से दूसरी ओर चले जा रहे थे, और खेतों में पैदा हुई फैसलों और दूसरी चीज़ों से लदी बैलगाड़ियाँ धीमी चाल से आ-जा रही थीं। घोड़ों की जोड़ियों वाले रथों पर सवार कुछ नौजवान हवा की चाल से गुज़र रहे थे।

चन्द्रगुप्त ने सड़क की ओर इशारा करते हुए कहा, 'तुम्हें मालूम है कि उत्तरापथ सीधे राजा नंद की राजधानी राजगृह तक जाता है।'

रोहन ने पूछा, 'क्या यह तक्षशिला है?'

'हाँ, हम पहुँच ही गये हैं। चन्द्रगुप्त ने ख़ुश होकर कहा। 'हम जल्दी ही नगर के द्वार पर पहुँच जाएँगे।'

कुछ ही देर में वे सब बड़े-बड़े पेड़ों के तनों को एक सीध में गाड़ कर बनायी गयी ऊँची दीवार के पास पहुँच गये जिसका कोई ओर-छोर नज़र नहीं आता था। इस चौड़ी दीवार पर सैनिक इधर से उधर गश्त कर रहे थे। हर कुछ सौ गज़ की दूरी पर पहरेदारों की चौकियाँ थीं। इस दीवार के साथ पानी से भरी चौड़ी खाई थी जिसमें कुमुदिनी और कमल लगे थे। फूलों की मनमोहक खुशबू हवा में फैली हुई थी। कुछ बत्तख और उनके बच्चे पानी में तैर रहे थे। काफ़ी दूर पर ऊँची उठी हिमालय की चोटियाँ धुँधली-सी नज़र आ रही थीं।

आगे वे एक बहुत बड़े लकड़ी के फाटक पर पहुँचे, जो खुला हुआ था। हालाँकि वहाँ तैनात पहरेदार, यात्रियों से कोई पूछताछ नहीं कर रहे थे, लेकिन वे सभी आने-जाने वालों पर पैनी नज़र रखे हुए थे।

चारदीवारी के अंदर जाकर चन्द्रगुप्त ने कहा, 'अंधेरा हो रहा है। चलो, सीधे आचार्य के घर चलें। वह पास ही है। मुझे यकीन है कि आचार्य तुम्हें रात को अपने यहाँ ठहरने देंगे।'

इन सबको चाणक्य से मिलने का बिल्कुल भी मन नहीं था, क्योंकि चन्द्रगुप्त की बातों से ही वह कुछ ख़ौफ़नाक से लगने लगे थे।

'और हाँ, मेरे सहपाठी भी वहाँ होंगे,' चंद्रगुप्त ने बाद में जोड़ा।

वे सब चारों ओर लकड़ी की बाड़ से काफ़ी जगह घेरकर बनी हुई एक बड़ी सी कुटिया के बाहर जाकर रुके। यह एक कम ऊँचाई वाला, मिट्टी थोप कर बनायी गयी दीवारों वाला एक मंजिला घर था जिसके ऊपर पकी मिट्टी की लाल ख़परैल से बनी छप्पर छाई गई थी। सामने एक ऊँचा चबूतरा था बाहरी दीवारों पर चूने की पुताई की गयी थी, और उनमें लकड़ी की जालियों वाली कुछ छोटी-छोटी खिड़कियाँ थीं।

एक आदमी तेज़ी से घर के बाहर निकला। वह औसत-सी कद-काठी का था और उसके चेहरे पर चेचक जैसे गहरे दाग़ थे। उसके मोटे-मोटे होंठ एक दूसरे से चिपके हुए थे। उसने पीले रंग की धोती पहनी हुई थी और शरीर के ऊपरी हिस्से पर एक कपड़ा लपेटा हुआ था। चोटी और उसके चारों ओर के छोटे से घेरे को छोड़कर उसका सिर मुँडा हुआ था- बिल्कुल उन हिंदू पुजारियों की तरह जिन्हें बच्चों ने पहले देख रखा था। लेकिन उनकी सलीके से गुथी हुई शिखाओं से उलट,

इस आदमी की चोटी के बाल लंबे और खुले थे, और जब वह उनकी ओर आ रहा था तब उसकी पीठ पर इधर-उधर झूल रहे थे। उसकी दोनों भौंहों के बीच गहरे बल पड़े हुए थे जिससे वह सख़्त मिज़ाज मालूम पड़ता था।

वह उन्हें ख़ौफ पैदा करने वाली नज़रों से घूर रहा था!

• • • • • • • • • • • • • • •

अंश ने नर्वस होकर थूक गटका जबकि एल्फू रोहन के पीछे छुपने की कोशिश करने लगा। ब्राह्मण ने चन्द्रगुप्त को देखने से पहले कुछ पल को उन्हें गौर से देखा।

'अरे वाह, तुम लौट आये मेरे लाल,' यह कहने के साथ अचानक उसके चेहरे पर एक ऐसी मुस्कान फैल गयी जिसकी किसी को उम्मीद नहीं थी। 'मुझे तुम्हारे और पहले लौट आने की उम्मीद थी... उनके चेहरे पर फिर गंभीरता छा गयी। 'मुझे यह ख़बर पहले ही मिल चुकी है... राजा पुरू के साथ अच्छा नहीं हुआ, लेकिन उनके और अलक्षेन्द्र के बीच समझौता हो गया। और भारत के लिए यह सबसे बुरी ख़बर है...

'आचार्य!' चन्द्रगुप्त ने मुस्कुराते हुए कहा, और उनकी ओर बढ़कर श्रद्धा के साथ अपने गुरु के पैर छू लिये। 'हाँ, उसने कहा, 'मुझे आपको इस बारे में सब कुछ बताना है- मैं वहीं था, बेहद मुश्किल में था, लेकिन पहले, कृपया दक्षिण से आये मेरे दोस्तों से मिल लें। वे एक लंबी यात्रा के बाद यहाँ पहुँचे हैं। इधर ये है... ... रोहन की ओर इशारा करते हुए जब वह कुछ कहते-कहते ठहर गया था, तब बच्चों को एहसास हुआ कि उन्होंने अभी तक चन्द्रगुप्त को अपने नाम नहीं बताये हैं।

उनके आज के जमाने के नामों से तो बात नहीं बननी थी। यानी उनके सिर अब ओखली में थे!

अचानक, रोहन को भारतीय पौराणिक कथाओं पर आधारित एक टीवी धारावाहिक याद आ गया और उसे मुश्किल का हल भी सूझ गया।

'जी... मैं रोहनीपुत्र हूँ। यह अंशपुत्र है, यह नूरपुत्र है, और यह है...' उसकी घबरायी हुई नज़रें ज़ोया पर ठहर गयीं। प्राचीन भारत में अंग्रेज़ी के ज़ेड अक्षर के स्वर जैसा कोई अक्षर ही नहीं था!

वह सहजता के साथ ख़ुद ही बोल पड़ी, 'मैं जम्बुपुत्र हूँ।'

चाणक्य ने उन्हें शक की निगाह से देखा। 'जामुन का बेटा? यह तो एक बड़ा अजीब नाम है। आपके नाम वास्तव में बेहद... अजीब हैं, बिल्कुल ऐसे हैं जिनके बारे में और जानने का मन करता है!'

अब तो गये! ज़ोया ने सोचा। फिर धीरे से कहा, 'देखिए, दक्षिण में, हम जिस बहुत दूरदराज़, बहुत-बहुत दूर से, जहाँ से हम आये हैं, वहाँ, आप जानते हैं... हमारे एक पूर्वज थे जिन्हें जामुन खाना बहुत पसंद था...जामुन, यानी जंबु....तो, मेरे माता-पिता ने उनकी याद में मेरा यह नाम रख दिया।'

'हूँ,' चाणक्य ने पैनी नज़रों से घूरते हुए जवाब दिया। ज़ोया को लगा कि चाणक्य को उसका झूठ साफ-साफ नज़र आ रहा है।

वह चन्द्रगुप्त की ओर घूमे और कम शब्दों में अपनी बात कह दी, 'वे आज रात बरामदे में सो सकते हैं। जाओ, खाना खाओ और सो जाओ। कल, मुझे वह सब..., एक-एक बात तुमसे जाननी है, जो कुछ तुमने देखा, वह सब,' चाणक्य एक रौब के साथ चुपचाप वहाँ से चले गये।

चन्द्रगुप्त मुस्कुराते हुए उनकी ओर घूम कर बोला, 'चिंता मत करो, आचार्य की बातें भले ही कड़वी लगती हैं, लेकिन आमतौर पर उनके मन में मैल नहीं होता, ...आओ, चलें।'

सबसे पहले वे एल्फू को पीछे की ओर ले गये जहाँ कुछ सफ़ेद गायें चारा खा रही थीं जिनके कूबड़ भी थे। 'तुम्हारा गज यहाँ रह सकता है। यहाँ उसको कोई परेशान नहीं करेगा,' चन्द्रगुप्त ने कहा।

एल्फू ने जानवरों के खाने के लिए रखी घास और भूसे को हिकारत भरी नज़रों से देखा और वापस बच्चों का पीछा करते हुए लौटने लगा, लेकिन रोहन ने डाँट कर उसे वहीं रुकने को कहा। वह वापस पलटा तो ज़रूर, लेकिन उनकी ओर पीठ फेरते ही दर्द भरी आवाज़ निकाल कर अपनी नाराज़गी जतायी और झुंझलाहट में वहाँ पर ढेर सारी लीद कर दी। लीद की तीखी गंध फैली तो बच्चे वहाँ से भाग खड़े हुए।

•••••••••••••••

नुक्कड़ पर कुछ लोगों का जमावड़ा था। हर उम्र के लड़के अपने-अपने काम में लगे थे। उनके सिर मुँडे हुए थे, लेकिन सभी की शिखाएँ थीं, और उन्होंने मामूली सी सूती धोतियाँ पहन रखी थीं। वे नये लोगों को सवालिया नज़रों से देख तो रहे थे, लेकिन किसी ने कुछ कहा नहीं।

ज़ोया ने एक कोने की ओर इशारा किया जहाँ मिट्टी के चूल्हे पर एक बड़ी-सी मिट्टी की बटलोई में कुछ खदक रहा था। फिर वह गोल-गोल आँखें मटका कर चहकते हुए बोली, 'देखो! यह चूल्हा बिल्कुल वैसा ही है जैसा मुझे गाँवों में देखने को मिलता है - जब मेरी माँ मुझे अपने साथ लेकर वहाँ रहने वाले कारीगरों के पास जाती हैं।'

बटलोई से दाल, चावल, अदरक और हल्दी के एक साथ पकने की जानी-पहचानी ख़ुशबू आ रही थी।

अंश चूल्हे की ओर गया और उसने बटलोई के अंदर झांक कर देखा। देखते ही उसका मुँह बन गया। 'यहाँ दो हज़ार साल पहले भी खिचड़ी से छुटकारा नहीं!' वह चिढ़कर बुदबुदाया।

जबकि ज़ोया ने उसी महक के साथ गहरी साँस भरी और बोली, 'कितनी अच्छी ख़ुशबू आ रही है!' नूर और रोहन भी हसरत भरी निगाहों से बटलोई की ओर ताक रहे थे। सिर्फ़ सूखे चने चबाकर उन्होंने पूरा दिन काटा था। हाल ये था कि उस समय उन्हें घास का स्वाद भी लाजवाब लगता।

चाणक्य के शिष्य वहीं ज़मीन पर बैठ गये। चन्द्रगुप्त इन सब को भी उनके पास ले गया और उन्हें भी साथ बैठने का इशारा किया। जैसे ही चारों आलथी-पालथी मार कर बैठ गये, सभी शिष्यों ने एक सुर में संस्कृत का छोटे-सा मंत्र बोला।

ब्रह्मार्पणं ब्रह्म हविः, ब्रह्माग्नौ ब्राह्मण हुतं।

ब्रह्मैव तेन गंतव्यम्, ब्रह्मकर्म समाधिना।

यानी, अर्पण करने का काम ब्रह्म है, आहुति ब्रह्म है, अर्पण करने का साधन ब्रह्म है, और जिस अग्नि में आहुति दी जाती है वह भी ब्रह्म है। इस तरह, जो व्यक्ति ब्रह्म में लीन रहता है, वही ब्रह्म तक पहुँचता है।

मंत्र बोलने के बाद, सभी ने चुल्लू में थोड़ा-सा पानी लेकर अपने आगे जमीन पर डाला। बच्चे आश्रम वाले लड़कों को पहले हैरानी के साथ देखते और फिर वैसा ही करते जैसे वे कर रहे थे।

सारे के सारे केले के पत्तों पर परोसी गयी खिचड़ी पर टूट पड़े, और बीच-बीच में पकी मिट्टी के बड़े-बड़े कुल्हड़ों में भरी नमकीन छाछ के घूँट लेते रहे। बच्चों ने कुछ ही देर में गरम-गरम खाने का सफ़ाया कर दिया, यहाँ तक कि अंश ने भी कुछ नहीं छोड़ा।

जैसे ही बरामदे में बिछी सरकंडे की चटाइयों पर उनके सिर टिके, वे नींद के आगे एक-एक करके चित होते गये।

••••••••••••••

अगली सुबह सबसे पहले रोहन की नींद टूटी। पौ फटने से पहले का समय था। उसकी आँखें खुली नहीं थीं और मन न जाने कहाँ-कहाँ भटक रहा था। वह लेटे-लेटे अपने चारों ओर सैकड़ों चिड़ियों की चहचहाहट सुन रहा था। उसे ठीक से होश तब आया जब उसने कुछ ज़्यादा ही तीखी और तेज़ आवाज़ सुनी। वह सुरीली तो बिल्कुल भी नहीं थी।

एक मोर उसके करीब था, जिसने अपने पंख पूरे फैला रखे थे, और उसके बिल्कुल आस-पास इठला-इठला कर नाच रहा था। उसके साथ की मोरनी उसकी तरफ़ ध्यान नहीं दे रही थीं। उनके रवैये से साफ़ तौर पर दिख रहा था कि उन्हें उसका नाच बिल्कुल भी पसंद नहीं आ रहा था। अरे यार, मुझे पैदा होने में दो हज़ार साल की देरी हो गयी, रोहन ने मन ही मन सोचा। प्राचीन भारत प्रकृति-प्रेमियों के लिए स्वर्ग था, जहाँ लाखों पशु-पक्षी हुआ करते थे।

चन्द्रगुप्त उनके पास आया और तेज़ आवाज़ में जोश के साथ बोला, 'जागो और अपने तेज से दुनिया को रौशन करो, चलो उठ जाओ!'

बच्चे नींद में ही उठकर बैठ गये थे, और विद्यार्थियों को कतार बनाकर कुटिया से बाहर निकलते देख रहे थे। 'ये सब कहाँ जा रहे हैं?' नूर ने पूछा, 'अभी तो ठीक से सुबह भी नहीं हुई है...'

'क्यों भई, कैसी बात करते हो! प्रातः स्नान के लिए जा रहे हैं!' चन्द्रगुप्त ने जवाब दिया। 'और फिर सूर्य उपासना भी तो करनी होती है। जब तक हम यह सब नहीं कर लेते, तब तक अन्न का दाना भी ग्रहण नहीं करते!'

'आह,' नाश्ते की बात होते ही ज़ोया उछल पड़ी। 'तो फिर हम किसका इंतज़ार कर रहे हैं?' वह बोली।

जल्द ही, वे एक छोटी-सी नदी के किनारे पहुँचे, जिसके किनारे पर गाद जमा थी। कुछ विद्यार्थियों ने बेपरवाही से अपने कपड़े उतार फेंके और पानी में उतर गये। दोनों हाथों की अंजुरी बनाकर उसमें नदी का जल लेकर, वे सूरज को अर्घ्य देते हुए मंत्रोच्चार करने लगे- 'ॐ भूर्भुवः स्वः तत्सवितुर्वरेण्यं...'

अंश चहक उठा, 'अरे, यह तो गायत्री मंत्र है! मेरी माँ हर समय इसका जाप करती रहती हैं!'

रोहन ने उसकी ओर घूर कर देखा ही था कि इस बात से चौंक कर चंद्रगुप्त ने हैरानी जताते हुए कहा, 'लेकिन महिलाएँ इस पवित्र मंत्र का जाप कभी नहीं करतीं...'

अरे यार, यह तो हम एक के बाद दूसरे जाल में फँसते जा रहे हैं, यह सोच कर अंश का दिल बैठा जा रहा था।

ज़ोया ने डरते-डरते कहा, 'देखो...तुम्हें पता है...दक्षिण में, हमारे गाँव में... तौर-तरीके थोड़े अलग हैं। यह कहने के बावजूद उसे लग रहा था कि हालात अजीब-सा मोड़ लेते जा रहे हैं।

चन्द्रगुप्त ने उनकी ओर घूरते हुए से देखा और कहा, 'ऐसा लगता है कि यह दक्षिण भारत किसी दूसरे इलाके में नहीं, किसी दूसरे ग्रह पर है!' फिर उसने कहा, 'चलो ठीक है, तुम किसका इंतज़ार कर रहे हो? चलो कपड़े उतारें और पानी में चलें!'

ज़ोया के गाल लाल हो गये और उसने बेहद लाचारी के साथ नूर की ओर देखा। अब आख़िर इस मुसीबत से कैसे बाहर निकला जाये? क्या अब उनका खेल ख़त्म हो चुका था?

• • • • • • • • • • • • • • •

10

नूर गयी और सारे कपड़े पहने-पहने ही नदी में कूद पड़ी। ज़ोया भी झटपट उसके पीछे हो ली।

'आख़िर तुम लोग कर क्या रहे हो?' चन्द्रगुप्त ने हैरानी के साथ पूछा।

'बात यह है, दक्षिण में हमारे गाँव में, इसी तरह नहाने का चलन है। क्यों है न, रोहन और अंश?' नूर ने कहा।

'हाँ, सही है!' लड़कों ने उनकी बात समझ ली और कपड़े पहने-पहने ही उनके पीछे-पीछे तेज़ी से नदी में जा पहुँचे।

हैरान चन्द्रगुप्त यह सब देखता रह गया। कितनी अजीब जगह है!

वाकई उसे जल्दी से जल्दी दक्षिण का दौरा करना पड़ेगा।

जल्द ही वे वापस लौट पड़े। चारों के कपड़ों से पानी चू रहा था। आह, ठीक है। गर्मी थी- यानी कपड़े जल्द ही सूख जाने थे। रास्ते में उन्हें दूसरे विद्यार्थी, दो-दो और तीन-तीन के गुट बनाकर जाते मिल रहे थे, जो उनके पास से गुज़रते हुए उन्हें अजीब-सी नज़रों से देखते जाते थे।

जब वे वापस लौट आये, तो चन्द्रगुप्त घर के अंदर चला गया। और इधर, अंश दूसरों से नज़र बचाकर, बेचैनी के साथ बीसियों बार अपना फ़ोन देखता रहा। उसकी माँ जल्द ही ख़तरा भांप कर कुछ न कुछ ज़रूर करने वाली होगी। वह इतने लंबे समय के लिए कभी उससे दूर नहीं हुआ था।

अचानक, उनके उस ऐप में एक बदलाव हुआ जिसकी वजह से वे लोग मुश्किल में पड़ गये थे। एक बड़ा-सा 'होम' बटन दिखाई देने लगा था। अंश ने उसे दबाया और चिल्लाया, 'अरे सुनो, एक 'मैसेज' आया है!' उन सबने उसके फोन पर आये संदेश को पढ़ने के लिए उसे घेर लिया। उसमें लिखा था- 'घर

पहुँचने के लिए... बरगद के पेड़ के पास जाएँ... तक्षशिला महल के बाहर। शाम ढलने के साथ।'

वे एक दूसरे को देखते रह गये। सब के चेहरों पर एक राहत भरी मुस्कान थी। रोहन ने कहा, 'अब मुझे लग रहा है कि हम वापस लौट पाएँगे।'

'अगर हम आज ही निकल जाएँ...' अंश ने उदास होकर कहा।

थोड़ी देर बाद, जब वे दूसरे विद्यार्थियों के साथ बैठे बड़े-बड़े कुल्हड़ों में गाय के मलाईदार दूध और बेहतरीन स्वाद वाले केलों का नाश्ता कर रहे थे, चन्द्रगुप्त ने उनकी ओर देखा और कहा, 'आज तुम सब मेरे साथ क्यों नहीं चलते? तुम देख सकोगे कि तक्षशिला में क्या-क्या होता है और कैसे होता हैं।

तभी उन पर किसी का साया पड़ा। उन्होंने ऊपर की ओर देखा तो वहाँ सख़्त मिज़ाज चाणक्य को खड़े पाया।

'सुनो चन्द्रगुप्त, अभी इसी समय मुझसे आकर मिलो। तुमसे कुछ बात करनी है।' इतना कह कर वह चले गये।

ज़ोया ने चन्द्रगुप्त से यूँ ही पूछ लिया, 'हम भी तुम्हारे साथ चल कर सुन सकते हैं कि क्या बात है?' वह तो बस अपनी आँखों से यह देखना चाहती थी कि चन्द्रगुप्त और चाणक्य के बीच बातचीत कैसे होती है।

कुछ पल रुककर चन्द्रगुप्त ने जवाब दिया- 'क्यों नहीं? मुझे नहीं लगता कि आचार्य को इस बात पर कोई आपत्ति होनी चाहिए...' उसने कुछ शक से भरे लहजे में कहा। 'आओ कोशिश करते हैं...'

बातें करते-करते बच्चे उसके पीछे-पीछे एक बड़े से आहते में आ गये थे, जहाँ एक बड़ा बरगद का पेड़ था जो गर्मियों की चिलचिलाती धूप में भी काफ़ी छाया दे दिया करता था। चाणक्य अपनी आँखें बंद करके, अपनी पीठ बिल्कुल सीधी करके, पालथी मारकर बैठे थे। उन्होंने उन पर कोई ध्यान नहीं दिया और ज़ोर से बोलने लगे, 'सिर्फ़ ध्यान से सुनकर ही कोई सीख सकता है। ध्यान से सुनकर ही मूर्खता से छुटकारा पा सकता है। इस तरह, ध्यान से सुनने से ही इंसान को मोक्ष भी मिल सकता है। उन्होंने अपनी आँखें खोलीं और चारों बच्चों को ध्यान से देखते रहे।

'आउच, रोहन के मुँह से निकला। 'मुझे लगता है कि यह बातें हमारे लिए ही थीं।' वे बिल्कुल चुप हो गये। ऐसा लग रहा था कि चाणक्य का असर उन पर पड़ रहा था।

'तो? मुझे सब कुछ बताओ,' गुरु ने अपने प्रिय शिष्य की ओर सिर घुमाते हुए कहा।

चन्द्रगुप्त ने जवाब दिया, 'आचार्य, राजा पुरु बहुत बहादुरी से लड़े, सचमुच बहुत बहादुरी के साथ। लेकिन वह शैतान यवन... उस चालबाज़ के बारे में क्या कहा जाये। उसने सीधे धावा कर दिया, बारिश का मौसम बीतने का भी इंतज़ार नहीं किया- क्या आपने कभी ऐसा कुछ सुना है? क्या उसे यह भी नहीं मालूम था कि चौमासे में लड़ाईयाँ नहीं लड़ी जातीं? उसने किसी तरह एक ऐसी जगह ढूँढ ली जहाँ नदी उथली थी और बिना किसी को भनक लगे रात में ही उफनती नदी को पार कर राजा पुरु की सेना पर घात लगाकर धावा बोल दिया। और तो और, व्यूह रचनाएँ भी उन्होंने कितनी बारीकी से की थी! और उनके लंबे, जानलेवा भाले दुश्मन के सैनिकों को पास नहीं फटकने देते थे। वे बहुत भारी भी थे! मुझे तो यह समझ में नहीं आता कि उन्होंने ऐसे भारी भाले इस्तेमाल करने में इतनी महारत कैसे हासिल की।

'ह्म्म, अनुशासन और अभ्यास,' आचार्य चाणक्य ने कम शब्दों में जवाब दिया।

चन्द्रगुप्त भड़क उठा, 'लेकिन कितना तिकड़मबाज़ है यह अलक्षेंद्र! उसने राजा पुरु की तरफ़ दोस्ती का हाथ बढ़ाया है। अब वे एक साथ भारत के बाक़ी इलाकों को अपने कब्ज़े में करने जा रहे हैं, और मुझे समझ में नहीं आता कि उन्हें रोकने के लिए हम क्या कर सकते हैं!'

उसके चेहरे पर मायूसी छा गयी।

झिझकते हुए ज़ोया बोली।

'मुझे लगता है कि अगर सिकंदर के सैनिकों को इस बात का ज़रा भी अंदाज़ा होता कि पूर्व की ओर बढ़ने पर उनके साथ क्या हो सकता है, तो वे उल्टे पांव यूनान भाग जाते! क्या राजा नंद की सेना पोरस की सेना से दस गुना बड़ी नहीं थी? वे नहीं जानते थे, है न? तो...अगर उन्हें किसी तरह इसके बारे में पता चल जाता तो क्या होता?'

आचार्य चाणक्य कुंछ पल उसकी ओर देखने के बाद देर तक कहीं दूर नज़रें गड़ाए कुछ सोचते रहे। 'आह, वह मुझे मालूम है।' वह बुदबुदाये, 'मैं जानता हूँ कि भारत को बचाने के लिए अब क्या करना होगा।' आचार्य चाणक्य ने अपनी

आँखें बंद कर लीं, जैसे कि ध्यान कर रहे हों और उन्हें अपनी रणनीति समझाने में कोई दिलचस्पी न हो। वे दोहराते रहे-

'तुम्हारे दिमाग जो कुछ चल रहा हो वह तुम्हारे होठों पर नहीं आना चाहिए। अपने भेद हर कीमत पर छुपा कर रखने चाहिए। तभी तुम्हारी जीत होगी।'

हर कोई गहरी दिलचस्पी के साथ उन्हें देख रहा था। जैसे ही, ज़ोया की जानने की ललक उसपर पूरी तरह हावी हुई, उसने आचार्य से एक बार फिर यह जानने की कोशिश की कि अब वे उन्हें अपनी आगे की योजना बताएँ।

चाणक्य ने ज़ोया की ओर देखा और कहा, 'ज़िंदग़ी में बहुत सीधे मत बने रहो। क्योंकि सबसे सीधे पेड़ सबसे पहले काटे जाते हैं, जबकि टेढ़े-मेढ़े पेड़ सबसे लंबे समय तक बने रहते हैं।' वह हमेशा की तरह हैरान होकर उनकी ओर देखती रही।

इसी बीच एक भयानक-सा दिखने वाला आदमी आहते में दाखिल हुआ और चन्द्रगुप्त के पास पहुँचा। 'तुम्हारे शस्त्र विद्या सीखने का समय हो गया है, युवक।'

चन्द्रगुप्त उछल पड़ा और बोला, 'दिन भर में यही समय तो मुझे सबसे ज़्यादा अच्छा लगता है! चलो दोस्तों, तुम भी देखो!'

जब वे पास के खुले मैदान में पहुँचे, तो चन्द्रगुप्त ने बच्चों से कहा, 'सुबह का समय पूरी तरह से युद्ध कला और हथियार चलाना सीखने के लिए होता है।

नूर के मन में जोश भर गया था। उसे सभी मार्शल आर्ट बहुत पसंद थीं और वह कई साल से कराटे सीख रही थी।

'अरे वाह, तुम्हारे पास करने को कितना कुछ होता है, चंदू?' उसने पूछा।

'देखो, मुझे वह सब कुछ करना होता है, जो युद्ध कला से जुड़ा है। आचार्य मुझे शारीरिक अभ्यास कराते हैं और अलग-अलग हथियार चलाना सिखाते हैं। मैं यह भी सीखता हूँ कि घोड़ों और हाथियों को कैसे काबू में रखा जाता है। किसी-किसी दिन हम सेना के चारों अंग- पैदल, हाथी, रथ और घुड़सवार सेना को इस्तेमाल करने के बेहतरीन तरीके भी सीखते हैं। इसके साथ ही, तरह-तरह की व्यूह रचना और उन्हें कब और कैसे इस्तेमाल किया जाता है, यह भी सीखते हैं।'

जल्दी ही चारों बच्चे, चन्द्रगुप्त और एक दूसरे छात्र का द्वंद्व-युद्ध अभ्यास देखने लगे।

सीधा-सादा और मधुर सा दिखने वाला लड़का अब जैसे कहीं चला गया था। उसकी जगह अब था पूरी तरह से एकाग्र एक योद्धा, विरोधी पर सम्पूर्ण ध्यान केन्द्रित किये हुए, अपनी घातक तलवार से बचाव और वार करता हुआ। अचानक चन्द्रगुप्त ने एक पैर फैलाकर ऐसी छलांग लगायी, कि पैर पास के एक पेड़ के तने पर जाकर टिका, और वहाँ से वह सीधे अपने सहपाठी के ऊपर जा गिरा, और तलवार उसकी गर्दन पर लगा दी।

अंश का ध्यान तलवार के इस्पात पर गया, जिस पर जलरंगों से बने चित्रों की तरह रंगों के फैलने से बने सुंदर निशान थे। उसने ऐसा कुछ पहले कभी नहीं देखा था।

'हार मानते हो?' चंद्रगुप्त ने हाँफते हुए पूछा।

'हाँ, हाँ, मेरे ऊपर से तो हटो, चन्द्र!' बुरी तरह घबराये हुए दूसरे लड़के ने कहा। 'तुम हर बात को इतनी गंभीरता से क्यों लेते हो? हम तलवारबाज़ी सीखने के लिए सिर्फ़ अभ्यास ही तो कर रहे हैं, तुम जानते तो हो!'

चन्द्रगुप्त ने तपाक से जवाब दिया, 'जैसा कि आचार्य कहते हैं, चाहे काम बड़ा हो या छोटा, तुम जो कुछ भी करो, उसमें अपनी पूरी ताकत झोंक दो।'

उसके दोस्त ने साँस छोड़ते और हँसते हुए जवाब दिया, 'तुम ही इकलौते हो जो उनकी हर बात को इतनी गंभीरता से लेते हो। यही वजह है कि वह तुम्हें सबसे ज़्यादा पसंद करते हैं... चलो, अब तीरंदाज़ी का अभ्यास करने चलते हैं।'

बाद में, जब वे दोपहर के खाने में चावल और दही खा रहे थे- तो अंश को यह भी बहुत अजीब लगा। फिर चन्द्रगुप्त ने उन्हें यह बताया कि वे दिन भर क्या-क्या करते हैं। 'आचार्य मुझसे सुबह से शाम तक काम करवाते हैं। बुरी तरह थकान हो जाती है। वह शासन व्यवस्था पर अर्थशास्त्र नाम की एक किताब लिख रहे हैं, जिसमें बताया गया है कि राजकुमारों की शिक्षा-दीक्षा कैसी होनी चाहिए। वे अपने तमाम सिद्धांतों को मेरे ऊपर आज़माने की भरपूर कोशिश करते हैं!'

चन्द्रगुप्त के इस तरह बेबाकी से अपनी बात कह डालने पर ज़ोया भौंचक्की रह गयी। उसने सोचा- मैं इतिहास के उस दौर में मौजूद हूँ जब अर्थशास्त्र जैसे महान ऐतिहासिक ग्रंथ को अभी अंतिम रूप दिया जाना बाकी है? उसे इस बात

पर यकीन ही नहीं हो रहा था। वह बस उसकी एक प्रति हासिल कर लेना चाहती थी... किसी भी तरह से।

बहुत देर से चुपचाप सब कुछ देख रहे अंश से न रहा गया और वह बोल पड़ा, 'वैसे, तुम्हारे पास बहुत बढ़िया तलवार है! वह किस चीज़ से बनी है?'

'अरे, क्या यह तुम्हारे दक्षिण भारत में ऐसी नहीं होती?' चन्द्रगुप्त ने पूछा। 'देखो, यह एक बहुत ही ख़ास तरह के इस्पात से बनी है - जो बेहद मज़बूत होता है और इसमें कभी जंग नहीं लगता। अलक्षेंद्र भारत से जितना ज़्यादा हो सके उतना इस्पात इकट्ठा करने की कोशिश कर रहा है, क्योंकि उसने इतना बढ़िया इस्पात पहले कभी नहीं देखा था!'

चन्द्रगुप्त मुस्कुराया और अपनी बात को और आगे बढ़ाया, 'सुबह की दिनचर्या तो बस शुरुआत है, दिन के भोजन के बाद तो काम का इतना दबाव होता है कि मेरे दिमाग़ को अपनी चरम सीमा पर काम करना पड़ता है।'

'वाह, रोहन बुदबुदाया, 'हम तो सिर्फ़ आधे दिन तक पढ़ाई करते हैं...और तब भी हमें ऐसा लगता है कि कुछ ज़्यादा ही हो गया!'

चन्द्रगुप्त ने ज़रा शेख़ी बघारते हुए समझाया, 'अब देखो न, नंद साम्राज्य को यूँ ही तो नहीं जीता जा सकता है, है न? मुझे इसको गंभीरता से तो लेना ही पड़ेगा।'

ज़ोया मुस्कुराते हुए बीच में बोल पड़ी, 'तो फिर दोपहर के भोजन के बाद तुम्हें क्या करना होता है?'

'मुझे नहीं पता कि दक्षिण में क्या चलता है... ' उसने ज़ोया की ओर देख कर उसे समझाते हुए कहा,' ...लेकिन यहाँ, हम सभी को विद्या के चारों अंगों को सीखना होता है। पहले को त्रयी कहा जाता है, इसमें तीन वेदों और उपनिषदों को अच्छी तरह समझ कर याद करना होता है। इसमें हम क्या सही है और क्या ग़लत- यानी धर्म और अधर्म के बारे में सीखते हैं।'

"इसके बाद आता है अन्वीक्षिकी यानी गहराई से खोजबीन जिसके तहत हमें आत्मसंधान करना होता है जिसे मज़ाक में हम 'खुद पर खुद काम' कहते हैं। ऐसा इसलिए, क्योंकि हमें लगातार काम करते रहना होता है। लोकायत के अभ्यास के दौरान आचार्य हमें तर्क के आधार पर शास्त्रार्थ करने में माहिर बनाने के लिए हमारे बीच आपस में वाद-विवाद भी करवाते हैं- और उन्हें तबतक ख़ुशी

नहीं होती जबतक कि माहौल अच्छी तरह गरमा नहीं जाता! फिर बारी आती है दर्शनशास्त्र की। इस सत्र के आख़िर में योग का अभ्यास करवाया जाता है ताकि मन को एकाग्र करने की हमारी शक्ति में बढ़ोत्तरी हो सके।'

'योग?' अंश चहक उठा। 'हमें हर हफ़्ते सिखाया जाता है। शवासन मुझे सबसे ज्यादा पसंद है।' वह हँसते हुए बोला।

'इसमें तो मरे हुए आदमी की तरह पड़े रहना होता है!' नूर ने मज़ाक उड़ाने वाले अंदाज में जवाब दिया। 'मैं तो पूरे पाँच मिनट तक शीर्षासन कर सकता हूँ... क्या मैं तुम्हें अभी कर के दिखाऊँ?' इतना कहते ही वह उठने लगी।

चन्द्रगुप्त ने झटपट उसे रोका। 'अरे... नहीं, नहीं, मेहरबानी करके पहले अपना खाना ख़त्म करो। जैसा कि तुम्हें पता होगा, कि एक बार उठने के बाद, हम अगले भोजन का समय होने से पहले फिर से खाने के लिए वापस नहीं बैठ सकते।'

'ठीक है, चंदू... अगर तुम ऐसा कहते हो तो यही सही,' नूर ने खीझते हुए जवाब दिया और फिर खाने के लिए बैठ गयी।

चन्द्रगुप्त ने अपनी बात आगे बढ़ायी, 'ख़ैर, फिर हम...'

'ठहरो, अभी कुछ और बाकी है?' रोहन ने टोका। 'तुम्हारी बातें सुनते-सुनते मैं थक गया हूँ!' स्कूल के बारे में रोहन यहीं तक सोच सकता था कि वहाँ जीव-विज्ञान, भूगोल... और बस यही सब होता है!

चन्द्रगुप्त की हँसी छूट गयी। 'और भी बहुत कुछ है!' उसने कहा। 'मैंने अभी तक तुम्हें अर्थव्यवस्था, जिसमें कृषि, पशुपालन और व्यापार शामिल हैं, और दंडनीति या न्याय व्यवस्था के अध्ययन के बारे में बताया ही नहीं है। एक बार यह सब पूरा हो जाने के बाद, हमें एक तरह की छुट्टियाँ मिलती हैं, जिनके दौरान हम कई विद्यार्थी एक साथ बैठते हैं और अपने देश के इतिहास को जानते-समझते हैं। पुराणों से हमें बीते समय के अच्छे और बुरे राजाओं के बारे में पता चलता है, और धर्मशास्त्र में ऋषियों और मुनियों के बारे में जानकारी मिलती है।'

इतनी ज़्यादा जानकारियों के बोझ से सभी की आँखें भारी हो रही थीं। सिर्फ़ ज़ोया अभी भी तरोताज़ा थी, और वहाँ बैठकर और बातें जानते रहने के लिए उत्सुक दिख रही थी। वह समझ नहीं पा रही थी, कि चंद्रगुप्त किस इतिहास की बात कर रहा है? क्योंकि आमतौर पर हमें जो भारतीय इतिहास पढ़ाया जाता है

उसकी शुरुआत तो अब से, यानी मौर्य वंश से होती है! उसकी हँसी छूट रही थी, लेकिन वह उसे दबाकर रह गयी।

'सिर्फ़ इतना ही नहीं,' चंद्रगुप्त ने आगे कहा, 'एक संपूर्ण व्यक्तित्व के विकास के लिए हमें संगीत, चित्रकला, कविता, गणित, याँत्रिकी, साँपों को काबू में करना, जादू, खज़ाना खोजने की कला समेत अठारह शिल्प सीखने ज़रूरी होते हैं... जैसा कि आप सोच सकते हैं, मैं आख़िरी वाले पर कुछ ज़्यादा ही मेहनत से काम कर रहा हूँ।' यह कहकर उसने जानबूझकर अपनी भौंहें उचकायीं।

'बहुत खूब!' रोहन ने बड़ी-बड़ी आँखों से उसकी ओर देखते हुए कहा। 'तुम सुबह से रात तक बहुत कुछ सीख लेते होगे।'

'तुम्हारे पास इतने सारे विषयों की ढेर सारी किताबें होंगी, तुम्हारा पुस्तकालय कहाँ है?' ज़ोया से यह पूछे बिना न रहा गया। 'मैं उसे ज़रूर देखना चाहूँगी!'

'किताबें?' चन्द्रगुप्त ने हैरानी के साथ सवाल किया। तुम यह क्या कह रहे हो? बिलकुल नहीं! हम चाह कर भी इतना आलस नहीं कर सकते। हम विद्यार्थियों को सभी पाठ ज़बानी याद होने चाहिए। जैसाकि आचार्य हमेशा कहते हैं, "सिर्फ़ किताबों में समेट कर रखा गया ज्ञान और उधार दिया गया धन ज़रूरत पड़ने पर कभी आपके काम नहीं आते।"

एकदम सन्नाटा छा गया था। वहाँ बैठे चारों बच्चे सन्न रह गये थे। उनकी बोलती बंद थी। यहाँ तक कि ज़ोया के भी होंठ सिल गये थे। पूरी की पूरी किताब याद कर लें और लिखा कुछ भी न जाये? हर रोज़ बारह से चौदह घंटे पढ़ाई करें? अपने शिक्षक के साथ रहें और दिन-रात उनकी हर बात मानते रहें, और हफ़्ते में एक छुट्टी भी नहीं? और दिन हो या रात, खाने को मिले खिचड़ी?

बाप रे बाप! वे खुश थे कि वे आज के युग के बच्चे हैं। बस, किसी तरह आज के युग में वापस पहुँच जाएँ...

• • • • • • • • • • • • • • •

उनके ख़ाना खा लेने के बाद, चन्द्रगुप्त ने कहा, 'आओ, मैं तुम्हें तक्षशिला घुमा कर लाता हूँ- वास्तव में यह एक ख़ास शहर है।

रोहन ने बीच में टोकते हुए कहा, 'हाँ, बात तो बढ़िया है, लेकिन हमें एल्फ़ू को भी साथ ले जाना होगा। जब मैं उसके आसपास नहीं होता तो वह घबरा जाता है। उसने झटपट अंग्रेजी में दूसरों से फुसफुसा कर कहा, 'एक बार शहर के बीच पहुँच जाएँ तो हम यह देखने की कोशिश कर सकते हैं कि महल तक कैसे पहुँचा जाए...

ऐसा लग रहा था चन्द्रगुप्त कुछ दुविधा में है। 'हम्म, एक हाथी के साथ शहर में घूमना... इससे हमारी चाल धीमी पड़ जाएगी।' लेकिन रोहन के हाव-भाव से यह जान कर कि एल्फ़ू को साथ ले जाने का उसका मन बन चुका है, चंद्रगुप्त ने कंधे उचकाए और कहा, 'ठीक है, ठीक है। हाँ, हाँ, ठीक है, इस नन्हें एल्फ़ू को हम अपने साथ लिये चलते हैं। बिल्कुल लेकर जा सकते हैं।'

चाणक्य के आश्रम की चारदीवारी से निकलने के कुछ देर बाद, छोटे-बड़े बच्चों का यह दल शहर की मुख्य सड़क पर पहुँच गया। जल्द ही वे बड़े-बड़े बरामदों वाली ऊँची बहुमंजिला इमारतों के बीच से गुज़र रहे थे। उनकी खिड़कियों में अलग-अलग तरह की नक़्क़ाशी वाली लकड़ी की जालियाँ लगी थीं। यहाँ तक कि कुछ इमारतों के बाहर पिंजरे भी लटके हुए थे, जिनमें रंग-बिरंगे पक्षी बंद थे।

चन्द्रगुप्त अलग-अलग इमारतों की ओर इशारा करते हुए उन्हें दिखा रहा था। एक इमारत की ओर इशारा करते हुए कहा- 'उस विद्यालय में क़ानून की शिक्षा दी जाती है। यहाँ के छात्रों में से किसी के साथ कभी बहस मत छेड़ देना- वरना वे पूरे हफ़्ते तुम्हारा पीछा नहीं छोड़ेंगे। इनके बारे में तो कोई मुझसे पूछे, मैं इन्हें अच्छी तरह जानता हूँ!'

'वहाँ उस विद्यालय में चिकित्सा शास्त्र की पढ़ाई होती है। मैंने उस जगह के बारे में कुछ अजीब-सी कहानियाँ सुनी हैं! वहाँ के वैद्य किसी महिला की नाक नये सिरे से बना सकते हैं और यहाँ तक कि महिला के शरीर में चीरा लगा कर अजन्मे बच्चे को बाहर भी निकाल सकते हैं!' यह बताते हुए वह ऐसे घबरा रहा था जैसे उसने यह सब अपनी आँखों से देखा हो।

'क्या?' नूर ने हैरानी जताते हुए ज़ोर से कहा। "ऐसा कैसे हो सकता है! क्या तुम्हें पूरा यकीन है, चंदू?' यह पूछते हुए वह बेहद हैरान दिखाई दे रही थी।

'यह बिल्कुल सच है, क़सम से। हालांकि मैं मानता हूँ कि यह सुनने में बहुत अजीब लगता है,' उसने हँसते हुए जवाब दिया। 'और देखो, ये! ये यहाँ की जानी-मानी सैन्य अकादमी है, चन्द्रगुप्त ने एक बड़े, आलीशान दिखने वाले परिसर के सामने रुक कर कहा। 'मैं अपनी कुछ कक्षाओं के लिए यहाँ आता हूँ। सारे देश से राजकुमार यहाँ शिक्षा लेने आते हैं- कोशल, मगध, काशी से भी...' उसने गर्व के साथ बताते हुए अपनी बात पूरी की।

फिर वह अचानक आगबबूला होकर बुरी तरह चीखा। "उस नंद वंश का बिगड़ैल वारिस बस मेरे सामने आ जाये, तो मैं उसे अपने हाथों से चीर कर रख दूँगा।" वह पल था जब बच्चों ने उसमें एक महान पराक्रमी राजा की झलक देख ली जो वह बनने वाला था, और यह देख कर वे काँप उठे।

शहर में काफ़ी भीड़भाड़ थी, और उन्होंने हर तरह के लोगों के रेले के रेले देखे, अपनी कक्षाओं से लौटते युवा विद्यार्थी, बाज़ार जाती महिलाएँ, अपने काम-धंधे पर जाते आदमी। ज़्यादातर लोग सूती कपड़े पहने हुए थे, जो इतने सफ़ेद थे कि ऐसा लग रहा था जैसे उन्हें किसी ख़ास किस्म के साबुन से धोया गया हो।

'अरे!' अंश ने एक ओर इशारा करते हुए पुकारा। 'यहाँ यह क्या हो रहा है?'

चन्द्रगुप्त और दूसरे लोगों ने उस ओर नज़रें दौड़ायीं जिधर अंश इशारा कर रहा था। उन्होंने देखा कि वहाँ कुछ लोगों का एक समूह है जिसमें लोगों ने ऐसे अजीबोगरीब कपड़े पहन रखे थे जैसे वे किसी फैंसी-ड्रेस पार्टी में जाने को तैयार हुए हों। हालांकि सभी लोगों ने पूरी लंबाई के सफेद चोगे जैसे कपड़े पहने थे, लेकिन उनकी लंबी-लंबी दाढ़ियाँ अलग-अलग रंगों में रंगी हुई थीं। एक की दाढ़ी चटक लाल थी, जबकि दूसरे की नीली। कुछ दूसरे लोग भी थे जिनकी दाढ़ियाँ

हरे और बैंगनी रंग की थीं। उन लोगों ने चिलचिलाती धूप से बचने के लिए पुराने ज़माने की छतरियाँ तान रखी थीं। वे छोटे-छोटे कदम उठाते, कुछ अजीब तरह से धीरे-धीरे चल रहे थे।

'उनके जूते तो देखो!' ज़ोया ने ज़ोर से कहा। उन लोगों ने सफेद चमड़े की ऊँची एड़ी वाली चप्पलें पहन रखी थीं, जिनके तले अलग-अलग रंग के थे।

रोहन ने मुस्कुराते हुए कहा, 'वाह, वाह, देखो तो कैसी इंद्रधनुषी क़दम ताल कर रहे हैं!'

जब वे उन्हें जाते देख रहे थे, तभी उनकी नज़र कुछ दूरी पर वैसे ही कपड़े पहने हुए लोगों पर पड़ी।

उन्हें इस तरह हैरान-सा देखकर चंद्रगुप्त ने कहा, 'तक्षशिला के अमीर परिवारों के कुछ लोग ऐसे अनोखे अंदाज़ वाले कपड़े पहना पसंद करते हैं। क्या दक्षिण भारत में ऐसा नहीं होता?'

'नहीं!' रोहन ने ज़ोर देकर कहा, 'बिल्कुल भी नहीं। हम सादे कपड़े पहनते हैं। बहुत ही सादे से।'

'भई, लेकिन यह तो कुछ ज़्यादा ही मज़ेदार बात है,' अंश ने धीरे से कहा। चलते-चलते वे अब एक और बड़े परिसर के आगे से गुज़र रहे थे, जिसमें कई इमारतें थीं। एक काफ़ी बड़ी-सी दिखने वाली इमारत की तरफ़ इशारा करते हुए चन्द्रगुप्त ने कहा, 'देखो, यह विद्यालय लड़कियों के लिए है। यहाँ पढ़ने वाली कुछ लड़कियों को उनके माता-पिता ने दूर-दूर के शहरों से यहाँ भेजा है, कल्पना करके देखो ज़रा!'

'रुको, पहले यह बताओ!' नूर चिल्लायी। 'तक्षशिला में लड़कियों के पढ़ने पर कोई रोक नहीं है?'

'हाँ, है तो, लेकिन अभी इसका ज़्यादा चलन नहीं है और वह कुछ ही विषय पढ़ सकती हैं,' चन्द्रगुप्त ने जवाब दिया।

'ओह, नूर ने भेद भरी गहरी नज़रों से रोहन की ओर देखते हुए, कहा। 'तो, अगर मैं लड़की होता, तो मैं भी तक्षशिला में पढ़ सकता था, है न?' उसने फुसफुसाकर उससे कहा, 'देखो! तुम्हें लड़का होने का दिखावा करने की ज़रूरत नहीं पड़ती!' उसने कंधे उचका कर कहा।

तभी आसपास हलचल मच गयी, क्योंकि वहाँ तैनात कुछ सैनिकों ने राजसी सवारी के लिए रास्ते से लोगों को हटाना शुरू कर दिया था।

'ओह हाँ!' चन्द्रगुप्त ने कहा। 'मैं तो भूल ही गया था। आज राजा शोभित की राजा आम्भी से मुलाकात होने वाली है। सचमुच राजा शोभित जैसा कोई नहीं है!'

अजीब से ढंग से हँसते हुए उसने कहा, 'मैं दावे के साथ कहता हूँ कि तुम लोगों ने अपनी पूरी ज़िंदगी में ऐसा नज़ारा नहीं देखा होगा!'

जब राजा के सेवादार अपनी नाक की सीध में नजरें गड़ाए वहाँ से गुज़र रहे थे, तो बच्चे बड़े ध्यान से उन्हें देख रहे थे। उनके हाथ में चांदी के बर्तन थे जिनमें से खुशबूदार धुआँ निकल रहा था।

'चच्छीं!' अंश को छींक आ गयी, और उसकी आँखों से तेज़ पानी आने लगा। 'यह कैसी गंध है? कितनी तेज़ है! मुझे लगता है कि मुझे इससे एलर्जी है...आक्छूँ!'

सेवादारों में से एक ने अंश की ओर सिर घुमाया और उसे घूरकर देखा।

'चुप रहो लड़के, अगर अपनी ख़ैर चाहते हो।' उस आदमी ने धमकी भरे अंदाज में फुसफुसा कर कहा। अंश फ़ौरन चुप हो गया- वह उन लोगों में से किसी को भी नाराज़ नहीं करना चाहता था। कौन जाने वे उसके साथ कैसा बर्ताव करें।

जब सेवादार वहाँ से आगे बढ़ गये, तो सोने से जड़ी एक खुली पालकी सामने आयी, जिसे आठ भारी-भरकम आदमी बड़ी मेहनत से उठा कर चल रहे थे। पालकी के डंडों पर और उसके दोनों ओर चमचमाते मोतियों की लड़ियाँ लटक रही थीं। उस पर एक लंबे क़द वाला बेहद सजीला आदमी फैल कर बैठा हुआ था। बढ़िया मलमल की उसकी धोती पर बैंगनी धागे और सोने के तार की घनी-घनी कढ़ाई थी। ज़ाहिर है यह राजा शोभित की सवारी थी।

नूर ने मुँह बिदकाया और फुसफुसा कर कहा। 'यह पहनकर कितनी चुभन हो रही होगी!' ज़ोया ने उसे घूरते हुए चुप रहने का इशारा किया और ख़ुद बड़े चाव से आँखें फाड़-फाड़ कर बारात जैसी शानदार राजा की सवारी देखती रही।

साफ़ समझ में आ रहा था कि राजा अपना शाही अंदाज़ दिखाने की पूरी कोशिश कर रहा था, जबकि यह काम कठिन था, क्योंकि कड़ी धूप के बावजूद वह रत्न-जवाहरात से लदा हुआ था। उसने बाजुओं और कलाइयों पर मोतियों

के कड़े और बाजूबंद चढ़ा रखे थे, और उसके कानों से लटकते कुंडलों में बड़े-बड़े नीलम जड़े हुए थे। उसके पास खरे सोने से बना राजदंड था, जिस पर पन्ने और माणिक्य जैसे रत्न जड़े हुए थे।

अपनी ओर सम्मान के साथ देखती भीड़ में मौजूद लोगों के आगे वह शालीनता से सिर हिलाने की कोशिश करता था, लेकिन ऐसा करने पर हर बार उसके कुंडल ज़ोर से उसकी गर्दन पर टकराते थे। आख़िरकार, उसने एक आह भरते हुए हार मान ली और सीधा सामने की ओर देखने लगा।

नूर फिर फुसफुसा कर बोली, 'बाप रे! जरा उसकी जूतियों को तो देखो!

राजा की जूतियाँ सचमुच देखने लायक थीं। सोने के काम वाले चमड़े से बनी जूतियों पर माणिक, पन्ने और नीलम जड़े हुए थे।

राजा की पालकी के पीछे अंगरक्षक और सैनिक क़दम से क़दम मिलाकर चल रहे थे। उनमें से कुछ लोग पेड़ों की बड़ी-बड़ी शाखाएँ लेकर चल रहे थे जिन पर छोटे-छोटे रंग-बिरंगे पक्षी बैठे हुए थे। ये पक्षी थोड़ी-थोड़ी देर में एक साथ चहचहाने लगते थे और देखने वालों की भीड़ उन्हें देखती रह जाती थी। ऐसा बार-बार हो रहा था।

फिर ज़ोया ने कहा, 'दोस्तों, देखो तो! क्या यह सिर्फ़ मेरी कल्पना है? बड़े-बड़े, थुलथुले से कुत्तों की एक पूरी फ़ौज अब क़दमताल करते हुए जा रही थी। एक सैनिक पाँच कुत्तों की एक कतार की अगुवाई कर रहा था। मास्टिफ़ नस्ल के ख़ौफ़नाक कुत्ते न तो बाएँ देखते थे और न ही दाएँ, बस अपनी नाक हवा में उठाये सीधे आगे बढ़ते जा रहे थे।

रोहन को विश्वास ही नहीं हुआ। वह फुसफुसाया, 'क्या हमारे साथ मज़ाक हो रहा है? क्या यह सब सचमुच में हो रहा है?'

अंश ने कहा, 'डेढ़ सौ कुत्ते हैं - मैंने अभी गिनती की है।' चन्द्रगुप्त एक ज़ोरदार ठहाका लगाकर हँसा। 'ओह, राजा शोभित इन्हें अलक्षेंद्र को तोहफ़े में दे रहे होंगे, उसने कहा। 'आप तो जानते ही हैं, हमारे कुत्ते पूरी दुनिया में मशहूर हैं। यहाँ तक कि फ़ारस के लोग भी उन्हें पसंद करते है। और यह तो कुछ भी नहीं, राजा शोभित के राज्य में अपने राजा को चुनने का तरीका सबसे अजीब है- इसके लिए हर कुछ साल बाद एक प्रतियोगिता होती है।'

'अच्छा! यानी आख़िरी साँस तक की भिड़ंत!' नूर ने ख़याली तलवार बेतहाशा लहराते हुए कहा।

'शायद ही कभी...' चन्द्रगुप्त ने बात टालते हुए कहा। 'वे... राजा बनाने के लिए...' यह कहते हुए उसने अपनी आवाज़ धीमी कर ली और आँखों की पुतलियों को घुमाया, जैसे कि उसे ख़ुद विश्वास नहीं हो रहा हो कि वह क्या कहने जा रहा है, 'सबसे सजीले आदमी का चुनाव करते हैं।'

जब बाकी सब उसे ऐसे देखने लगे, जैसे उन्हें विश्वास ही न हुआ हो, तब उसने मज़ाक उड़ाते हुए कहा, 'इसमें कोई खास हैरान होने वाली बात नहीं है कि जब अलक्षेंद्र उनके दरवाज़े तक आ पहुँचा था, तब भी, वे झूठ-मूठ में भी उससे लड़ने नहीं निकले!'

'वैसे वह आख़िर यहाँ क्या करने आया है?' ज़ोया ने थोड़ी बेसब्री के साथ पूछा।

चन्द्रगुप्त ने दबी-सी ज़ुबान में जवाब दिया। 'मैंने सुना है कि हथियार डालने के बाद उसे यहाँ हाज़िर होने का हुक्म दिया गया था। शायद वह ये सारे तोहफ़े उस यूनानी को देने के लिए लाया है। मैंने सुना है कि अलक्षेंद्र अपनी जीत का जश्न मनाने की योजना बना रहा है, जिसके लिए शक्ति-प्रदर्शन के खेलों के मुक़ाबले करवाये जाने हैं,' चन्द्रगुप्त ने अपना सिर इस तरह हिलाते हुए कहा जैसे उसे इसमें कोई दिलचस्पी न हो।

लेकिन नूर ने दिलचस्पी दिखाते हुए पूछा, 'अरे वाह, कैसे मुक़ाबले?'

'हूँ, मुझे लगता है कि दौड़, मुक्केबाजी, रथों की दौड़ और कुश्ती जैसी प्रतियोगिताएँ होंगी... क्या मालूम?' चन्द्रगुप्त ने कंधे उचकाते हुए कहा। 'तुम्हें तो पता ही है, ये यूनानी खेलों के दीवाने हैं। खेल के नाम पर कुछ भी हो उन्हें मैदान में उतरने से ज़्यादा अच्छा कुछ भी नहीं लगता।

•••••••••••••••

वे चहल-पहल वाली सडकों पर घूमते रहे, और बड़े शौक से घरों को देखते रहे। वे बाँस की टोकरी पर पत्ते बिछाकर अपना माल बेच रहे रेहड़ी वाले के पास से गुज़रे। 'आओ जी आओ, वटक खाओ!' वह बार-बार आवाज़ लगा रहा था। 'दो के दाम में खाओ तीन। अभी के तले, गर्म वटक! आओ, ले जाओ ताज़े-खरे!' उन्हें देख कर अंश का उन्हें खाने का मन करने लगा... वे वड़े की तरह खूब अच्छी

तरह तले हुए करारे और स्वादिष्ट दिख रहे थे। ऐसे वड़े उसे शायद ही कभी खाने को मिले हों।

अचानक, उन्हें ज़ोर-ज़ोर से झाँझ-मंजीरे बजने की आवाज़ सुनायी दी। नूर तेज़ी से आगे बढ़ी लेकिन फिर वहीं खड़ी की खड़ी रह गयी। वह अपने साथियों की ओर घूमी और धीरे से बोली, 'अब मैंने सचमुच सब कुछ देख लिया है...'

बाकी लोग भी दौड़ कर नूर के पास पहुँचे और अपने सामने का नज़ारा देखकर उसी की तरह भौंचक्के रह गये। एक बड़े चौक पर कई हाथी एक गोल घेरे में नाच रहे थे! एक हाथी घेरे के एक तरफ खड़ा था और उसकी आगे की टांगों पर बड़े-बड़े मंजीरे बंधे हुए थे।

एक और मंजीरा उसने सूँड में पकड़ रखा था जिससे वह बाकी दोनों को एक ताल में बारी-बारी से बजा रहा था। नाचने वाले हाथी अपने अगले पैरों को ऊँचा उठाकर हाथ जोड़ने की मुद्रा बनाते हुए एक ताल में आगे बढ़ रहे थे। एक ढोल बजाने वाला और कुछ महावत पास खड़े उन्हें जोश दिला रहे थे। ऐसा अनोखा नज़ारा देख बच्चे खूब मज़ा ले रहे थे।

तभी रोहन ने कहा, 'हे भगवान! एल्फू को तो देखो!' दूसरे हाथियों को देख एल्फू भी हाथियों के घेरे में घुस गया था और दूसरे हाथियों की नकल करने की कोशिश कर रहा था। यह देख बच्चे खिलखिला कर हँस पड़े।

महावतों ने आकर चन्द्रगुप्त से कहा- "यह छोटा-सा हाथी कितना प्यारा है! हमें इसको अपनी नृत्य मंडली में शामिल करना है। तुम इसे कितने में बेचोगे?'

रोहन बुत बना उन लोगों को देखता रह गया।

'जवाब में हम आपकी 'न' नहीं सुनेंगे,' उन्होंने कहा।

•••••••••••••••

‘नहीं!’ चन्द्रगुप्त ने कहा। ‘हमारा हाथी हमारे परिवार का हिस्सा है। हम उसे दुनिया की सारी दौलत के बदले भी नहीं दे सकते।’

इधर महावत अपनी बात पर अड़े रहे, उधर बच्चे झटपट वहाँ से दूर हट गये। लेकिन एल्फू को वहाँ से ले जाने के लिए रोहन को उसकी सूँड पकड़ कर खींचना पड़ा।

महावतों से छुटकारा पाने के बाद चन्द्रगुप्त भी कुछ ही देर में उनके साथ आ गया।

जब वे वापस बाज़ार की ओर जा रहे थे, तब उन्हें दो यूनानी सैनिक मिले जो एक समझदार और संजीदा दिखने वाले यूनानी शख़्स के साथ थे।

‘उन्होंने चादर क्यों पहन रखी है?’ अंश ने देखा तो वह पूछे बिना न रह सका। बड़े होने के नाते ज़ोया ने आँखों के इशारे से उसे धमकाते हुए कहा, “तुम्हें पता है न कि यह चोगे जैसा रोमन पहनावा टोगा है। कुछ इसी तरह की पोशाक बहुत पहले यूनानी लोग पहनते थे, समझे? मुझे लगता है कि इसे हिमातियॉन कहा जाता है।”

यूनानी सैनिकों ने चन्द्रगुप्त को पुकारा। ‘अरे ओ, सैंड्रोकोटस! कहाँ थे तुम? काफ़ी वक्त से नज़र नहीं आये। वैसे भी, अगर तुम हमारे बैरक में आ जाओ, तो भी हम तुम्हें डंडे मार कर भाग देने वाले तो हरगिज़ नहीं हैं,’ उसने दाँत दिखाते हुए कहा।

‘ही, ही,’ चन्द्रगुप्त ने नज़रें झुका कर खींसें निपोर दीं, और कहा- ‘मैं लड़ाई देखने गया था। तुम सब तो बिल्कुल सही सलामत लौट आये!’

'बेशक,' दूसरे सिपाही ने इतराते हुए कहा। 'हमारी मकदूनिया की फ़ौज दुनिया में सबसे अव्वल है! हमने पिछले पंद्रह साल में कभी कोई जंग नहीं हारी।' यह कहते हुए वह घमंड से फूल कर कुप्पा हुआ जा रहा था।

फिर वह यूनानी पहनावा पहने उस शख़्स की तरफ़ मुड़ा और बोला, 'जनाब, यह सैंड्रोकोटस है, जो तक्षशिला में सैन्य विज्ञान की पढ़ाई कर रहा है। पिछले कुछ महीनों में हम अपने भारतीय सहयोगियों के साथ काफ़ी घुलमिल कर रह रहे हैं। यहाँ यह एक ऐसा लड़का है जो यूनान की सभी चीज़ों में दिलचस्पी लेता है।'

'अच्छा, यह तो बहुत अच्छी बात है।' उस आदमी ने कहा, लेकिन उसका ध्यान कहीं और चला गया था। 'मैं मकदूनिया में अपने चाचा को भेजने लायक यहाँ की कुछ बढ़िया चीज़ों की तलाश में हूँ। उनके लिए मैंने पेड़ों पर उगने वाला ऊन और मोटे-मोटे सरकंडों से निकलने वाला शहद पहले ही लेकर रख लिया है।' यह कहते हुए उसकी आँखों में एक ऐसी चमक थी जैसे यह बड़े ताज्जुब की बात हो।

'ऊन जो पेड़ों पर उगता है? सरकंडों से निकलने वाला शहद? क्या बकवास है!' अंश ने अंग्रेजी में थोड़ा ज़ोर से फुसफुसा कर कहा ताकि बाकी साथी सुन लें। 'क्या इस आदमी का भेजा सरक गया है!'

रोहन मन ही मन बुदबुदाया, 'मीठे सरकंडे? वह किस चीज़ के बारे में बात कर रहा होगा?'

ज़ोया पहले ही सोचने लगी थी। 'हो सकता है उसका मतलब हो... ऊन...भेड़?' वह बुदबुदायी। 'और शहद... मधुमक्खियाँ?'

अंश ने आँखों को गोल-गोल घुमाया। ज़ोया इस पहेली को बूझे बिना छोड़ने वाली नहीं थी, लेकिन बहुत सोचने के बाद भी जब कुछ नहीं सूझा तो वह खीज उठी। 'ऊन... ओह, उसका मतलब पौधे हैं, पेड़ नहीं!' उसे जोश आ गया था, लेकिन वह धीरे से बोली। 'कपास! वह भारत में पैदा

होती है। और शहद... सरकंडे... ओह, यूनानियों ने इसे भी पहले कभी नहीं देखा था- आप समझ गये न, गन्ना...!

'अरे! वाह!' हिमातियॉन पहने बैठे आदमी की नज़र एकाएक एल्फू पर पड़ गयी थी, जो हमेशा की तरह खाने की चीज़ों की तलाश में इधर-उधर घूम रहा था। 'यह हाथी तो मुझे चाहिए ही चाहिए! एक चीज़ जिस पर मेरे प्यारे चाचा ने पूरा ज़ोर दिया था, वह ऐसा ही कोई अजीब जानवर रहा होगा। और इसके माथे पर तो बिल्कुल ही अलग तरह का सितारे का निशान है- बिल्कुल वैसा, जैसा बेचारे प्यारे ब्यूसेफैलस के था!' वह बड़े जोश के साथ बच्चों की टोली की ओर घूमा और बोला, 'तुम्हें उसको मुझे बेचना ही होगा! वह कितने का है? वह मुझे चाहिए!'

बच्चे घबरा गये और एल्फू झटपट रोहन की आड़ में चला गया। क्या इस दुनिया में हर किसी को एल्फू ही चाहिए?

'नहीं, नहीं!' रोहन चिल्लाया। 'यह मेरे भाई जैसा है। यह बिकाऊ नहीं है।'

जैसे ही उस यूनानी आदमी ने बहस करने के लिए अपना मुँह खोला, उसका ध्यान उधर से गुज़र रहे धीर-गंभीर दिखने वाले भारतीय साधुओं के एक दल की ओर चला गया। साधुओं ने कोई कपड़े नहीं पहन रखे थे। बच्चे बुरी तरह शरमा गये और उनकी ओर से नज़रें हटाकर इधर-उधर देखने की कोशिश करने लगे।

'आह!' यूनानी आदमी जोश में आ गया और चिल्लाया। 'क्या आप लोग जिम्नोसोफिस्ट, यानी ऐसे लोग हैं जो बिना कपड़ों के रहना ठीक समझते हैं? मुझे यहाँ से लौटते वक़्त आप लोगों को भी अपने साथ ले जाना होगा। चाचा को आपके धर्म के लोगों से मिलने का बहुत मन था।'

उनमें से सबसे बुज़ुर्ग ने सख़्ती के साथ कहा, 'मैं दंडमिस, एक जैन मुनि हूँ। ये मेरे शिष्य हैं। और आप कौन हैं?'

यूनानी ने घमंड के साथ जवाब दिया, 'मैं दुनिया के सबसे जाने-माने दार्शनिक- महान अरस्तू का भतीजा कैलस्थनीज हूँ। मैं चाहता हूँ कि आप हमारे साथ चलें। इसे हमारे महान नेता अलेक्जेंडर का हुक्म समझें। आप जानते हैं न, वह ईश्वर के पुत्र हैं। हमें ज़बरदस्ती करने के लिए मजबूर न करें।'

दंडमिस ने उसे बेहद गुस्से से देखा और उसे देखकर ज़मीन पर थूक दिया। 'अपने महान नेता से कहो कि अगर वह ईश्वर का पुत्र है, तो मैं भी ईश्वर का ही पुत्र हूँ!' मुझे उससे या तुमसे कुछ भी नहीं चाहिए, क्योंकि मेरे पास जो कुछ है वह काफ़ी है, मुनि ने आगे कहा, 'ज़मीन और समुद्र के रास्ते तय करके तुम्हारा दुनिया भर में घूमना पूरी तरह से बेकार है। तुम लोग और कुछ नहीं, ख़ुद अपने लिए और दूसरों के लिए भी किसी काम के नहीं हो। तुम्हारे पास ऐसा कुछ नहीं है जिसे पाने की मुझे इच्छा हो। जब तक मैं ज़िंदा हूँ, यह धरती मेरे लिए काफ़ी है; और जब मैं मर जाऊँगा, तब मैं अपने इस तुच्छ शरीर से छुटकारा पाकर मुक्त हो जाऊँगा।'

और बहस करने के बजाय चुप्पी साध लेना ठीक समझ कर यूनानी दार्शनिक बुदबुदाया, 'इस आदमी से ख़ुद शहंशाह एलेक्ज़ेंडर को निपटने देते हैं। उसने बच्चों की ओर घूरकर देखा और कहा, 'लेकिन वह हाथी मैं लूँगा ही, याद रखना मेरी बात!'

बच्चों के मन में दंडमिस के लिए आदर और प्रेम के भाव उमड़ आये थे, सिर्फ़ इसलिए नहीं क्योंकि उन्होंने एल्फ़ू को बचाया था, बल्कि इसलिए भी क्योंकि वे खुद उन डरावने यूनानियों का वैसे सामना नहीं कर सकते थे जैसे दंडमिस ने किया। जो भी हो, बुज़ुर्ग दंडमिस इधर-उधर देखे बिना ही शान से चलते हुए वहाँ से आगे बढ़ गये, और उनके शिष्य उनके पीछे-पीछे चलने लगे।

'ओह!' चन्द्रगुप्त ने राहत की साँस ली। 'किस्मत अच्छी थी। आचार्य दंडमिस इतने सख़्त हैं कि कोई भी उनके साथ नहीं उलझता। तुम्हारे गज यानी एल्फ़ू की पक्के तौर पर अच्छी खासी माँग है, है न?' उसने एल्फ़ू की सूँड को धीरे से थपथपाया और एल्फ़ू ने खुश होकर फौरन चन्द्रगुप्त की गर्दन के चारों ओर अपनी सूँड लपेट दी।

फिर चन्द्रगुप्त ने कहा, 'आओ, कोई है जिससे मैं तुम्हें मिलवाना चाहता हूँ।

वह सभी सोलह महाजनपदों में सबसे मशहूर चिकित्सक हैं। पिछले कुछ साल से वे जीवन के विज्ञान- आयुर्वेद, पर अब तक की सबसे बड़ी किताब लिख रहे हैं। मुझे आचार्य का सन्देश उनके पास पहुँचाना है।'

चन्द्रगुप्त मुख्य सड़क से हटकर एक सँकरी सड़क पर मुड़ गया, जिसके दोनों ओर मकान बने थे। कुछ मीटर और आगे बढ़ने पर, वे जिस मुख्य सड़क पर पहले चल रहे थे, उस सड़क के समानांतर एक छोटी सड़क की ओर मुड़ गया।

कुछ देर चलने के बाद चन्द्रगुप्त एक वैसे ही बड़े घर के सामने रुक गया जैसा घर चाणक्य का था। घर के आगे वाले आँगन में, सूती धोतियाँ पहने युवा छात्रों के एक बड़े समूह के साथ, मामूली-सी सफ़ेद धोती पहने एक बूढ़े ऋषि बैठे थे जिनके बाल सफ़ेद थे। पास ही, एक छोटी-सी खुली आग पर एक बर्तन में कुछ पक रहा था। कोई ऐसी चीज़ पक रही थी जिसमें से अंडे जैसी गंध आ रही थी।

'इसमें से कितनी अच्छी खुशबू आ रही है- मुझे तो बहुत भूख लगी है,' ज़ोया ने बेचैनी के साथ कहा।

जैसे ही बच्चों के साथ चन्द्रगुप्त पास आया, ऋषि ने ऊपर देखा। मुस्कुराते हुए उन्होंने कहा, 'आह, युवा चन्द्रगुप्त! आइए, जड़ी-बूटियों के इस नुस्ख़े को आज़मा कर देखें, जिसे तैयार करने का अच्छे से अच्छा तरीका खोजने की मैं लगातार कोशिश कर रहा हूँ। ये आप जैसे युवाओं को शक्तिशाली और ऊर्जावान बनाने में लिए इस्तेमाल किया जाएगा।'

चन्द्रगुप्त ने झुककर उनके पैर छुए। गंभीरता से मुस्कुराते हुए उन्होंने कहा, 'आचार्य चरक, आपकी तैयार की हुई नयी-नयी चीजों को चखने में मुझे हमेशा घबराहट-सी होती है... न जाने आपने उसमें क्या-क्या डाला हो!'

चरक ऋषि ने हँसते हुए एक छात्र की ओर इशारा किया, जिसने मेहमानों को चीले के छोटे-छोटे टुकड़े खाने को दिये।

ज़ोया ने एक बड़ा टुकड़ा लिया और वह उसका स्वाद ले रही थी तभी ऋषि ने कहा, 'यह चावल के आटे और मगरमच्छ के अंडे का चीला है, जिसमें सेहतमंद बनाने वाली कई चीज़ें मिलाकर शुद्ध घी में पकाया जाता है- यह इतनी ताक़त देता है कि मरे हुए आदमी में भी जान आ जाये!'

ज़ोया ने ऐसा मुँह बनाया जैसे कोई बुरे स्वाद वाली चीज़ खा ली हो। पता नहीं क्या डाला है इसमें! न जाने कैसा लग रहा है! यह सोचते हुए वह उसे ठीक से चबाये बिना जल्दी से निगल गयी। दूसरे बच्चे उसे देखकर ऐसे बिदके कि भूख से बेहाल होते हुए भी अपने हिस्से को हाथ तक नहीं लगाया।

उनके चेहरे देख चन्द्रगुप्त की हँसी छूट गयी, और वह देर तक पेट पकड़कर हँसता रहा। फिर बोला, 'ये मेरे मित्र हैं, आचार्य चरक! ये दक्षिण भारत से आये हैं और आपके विशेष व्यंजनों के आदी नहीं हैं!'

चरक उनकी ओर देखकर हँस दिये, 'ठीक है, उसे छोड़ इसे चख कर देखो। रोज़ एक चम्मच खाओ, वैद्य को दूर भगाओ!'

न चाहते हुए भी, वे बारी-बारी से अपनी चम्मच लेकर आगे बढ़ रहे थे, तभी अंश ने अपनी चम्मच मुँह में डाली और जोर से चहक उठा, 'ओह, यह तो च्यवनप्राश है। अरे! मेरी माँ हर रोज़ मुझे यही खिलाती हैं।

अंश की बात सुनकर हैरानी से चरक का मुँह खुला का खुला रह गया। 'तुम्हें कैसे पता कि यह क्या है? मैंने यह चीज इस साल की शुरुआत में ही बनायी है।'

•••••••••••••••

अंश बुरी तरह सहम गया था। उसकी आँखें फैल-सी गयी थीं, और वह बोलते हुए हकलाने लगा था।

नूर उसे बचाने के लिए आगे आयी। 'अरे, आचार्य चरक, दक्षिण में आपका बड़ा नाम है! क्या आपको मालूम है कि तीर्थयात्रियों और वहाँ से यहाँ आने-जाने वालों के ज़रिये आपके बारे में तमाम सारी ख़बरें हम तक पहुँच जाती हैं!'

चरक के चेहरे पर खुशी झलक आयी, लेकिन वह एक अजीब उलझन में पड़ गये थे।

बच्चे बिना वक्त गँवाये बाहर निकले और शहर के बीच वाले पुराने इलाके की ओर वापस चल पड़े। जिस तरह से सब कुछ चल रहा था, अगर वे अपनी पहचान छुपाये रखते हुए वहाँ से भागने में कामयाब हो जाते हैं तो यह एक चमत्कार ही होता।

कुछ क़दम चलने के बाद, चन्द्रगुप्त उनकी ओर मुड़ा और बोला, 'मुझे एक और काम से शहर के बाहरी इलाके की ओर जाना है... इसलिए...'

अलविदा कहने का समय आ गया था। जल्द ही शाम होने वाली थी और उन्हें महल तक पहुँचना था।

ज़ोया ने गला साफ़ करते हुए कहा, 'ठीक है, हमें भी अपने पिता के एक पुराने दोस्त से मिलने जाना है। वे महल के पास ही रहते हैं। तो... फिर हम बाद में ही मिलते हैं न?'

चन्द्रगुप्त ने कहा, 'बिल्कुल ! ऐसा ही करते हैं। तुम लोग वहाँ हो आने के बाद फिर से आचार्य चाणक्य के पास क्यों नहीं आ जाते? अगर तुम रास्ता भूल जाओ, तो किसी से भी पूछ लेना- सबको पता है कि वे कहाँ रहते हैं।'

फिर मिलने के वादे के साथ चन्द्रगुप्त ख़ुशी-ख़ुशी चलने के लिए घूमा ही था कि उसे लगा कि पीछे से कई बाहें उसकी ओर बढ़ी आ रही हैं।

चन्द्रगुप्त चौंक कर जैसे ही पीछे घूमा, नूर और अंश कस कर उससे लिपट गये थे।

'मुझे तुम्हारी बहुत याद आएगी, चंदू...' धीरे से नूर के मुँह से निकला।

'तुम्हारे साथ बहुत अच्छा लगा!' अंश ने कहा।

विदाई के उन पलों में रोहन की आँखें भी गीली हो गयी थीं।

'मुझे मालूम है कि तुम एक दिन महान विजेता बनोगे!' ज़ोया ने चंद्रगुप्त के कान में फुसफुसाया। 'ख़ुद पर कभी शक न करना।' चंद्रगुप्त ने उन्हें ग़ौर से देखा, और कहा- 'जल्द ही फिर मिलेंगे। अपना ध्यान रखना। और हाँ, तक्षशिला को लेकर तुम जैसे घबराये से लगते हो, यह वैसी डरावनी जगह नहीं है... मिलते हैं!' उसने धीरे से ख़ुद को उनसे अलग किया और वहाँ से चल पड़ा, और कुछ क़दम चलने के बाद पीछे मुड़कर उन्हें एक बार फिर ग़ौर से देखा।

'हम उसे फिर कभी नहीं देख पाएँगे... मुझे बहुत बुरा लग रहा है!' ज़ोया बेहद मायूस होकर बोली।

'लेकिन इस बात की ख़ुशी भी तो है क्योंकि हम घर जा रहे हैं!' अंश ने अपनी बात कही।

'सही बात है,' रोहन ने एक झटके में ख़यालों की दुनिया से हक़ीक़त में वापस लौटते हुए कहा। 'जल्दी चलो। अंधेरा हो रहा है!'

अब उनके सामने जो नज़ारा था, उसमें एक बहुत बड़ा लकड़ी का महल अलग ही नज़र आ रहा था। उसके चारों कोनों पर सोने के खंभे थे। उन पर सोने के बेल-बूटों की नक्काशी की हुई थी, जिनके बीच-बीच में चांदी के पक्षी बने हुए थे। कुल मिलाकर यह सब चकाचौंध करने वाला था।

बच्चों का दल महल की ओर बढ़ रहा था जब ज़ोया ने जोर से पूछा, 'और वह बड़ा-सा बरगद का पेड़ कहाँ है?'

बच्चे बेचैनी के साथ इधर-उधर ढूँढने लगे। कुछ पल बाद उन्हें एक तरफ कुछ ही दूरी पर एक बड़ा-सा बरगद का पेड़ दिखायी दिया। वे जल्दी-जल्दी उसके पास पहुँचे क्योंकि उन्हें डर था कि कहीं बहुत देर न हो जाये।

जब वे पेड़ के मोटे तने के चारों ओर चक्कर लगा रहे थे, तभी रोहन ने कहा, 'देखो, यहाँ तारा सा बना हुआ है! यही वह निशान होना चाहिए!' पेड़ के तने पर एक अजीब तारे जैसी गांठ थी।

'चलो, अब सब अपने-अपने फ़ोन चालू करो,' ज़ोया ने कहा। जैसे ही उनके मोबाइल चालू हुए, उनके स्क्रीन एक बार फिर से चमकीले नीले हो गये और उन पर हाथी की आकृति उभर आयी।

अंश ने जल्दी से 'होम' बटन दबाया, यह सोच कर कि वह ऐसा करते ही ख़ुद को अपने कमरे में पायेगा। उनके फ़ोन के स्क्रीन पर एक के बाद एक निर्देश सामने आने लगे- तारे के चिन्ह को स्पर्श करें। फिर तीन बार महागज, महागज, महागज बोलें। फिर 'ऐपलाई' बटन दबाएँ। अंधेरा होने से पहले।'

अब तक सूरज पूरी तरह डूब चुका था।

'चलो, जल्दी करो,' ज़ोया ने कहा। उन सभी ने पेड़ की गांठ को छुआ। जैसे ही उन्होंने हड़बड़ाते हुए मंत्र जपना शुरू किया, रोहन को अचानक एहसास हुआ कि एल्फू की सूँड अब उसके हाथ में नहीं है! उसने घबराहट में सिर ऊपर उठाया तो उसे नज़र आया कि यूनानी सैनिकों की एक टुकड़ी ने उसके छोटे से हाथी को घेर लिया था, और उनके लंबे-लंबे ख़ौफ़नाक भाले उसकी ओर तने थे, और वह आँखों ही आँखों में रोहन से अपनी जान बचाने की गुहार लगा रहा था।

'एल्फू!' रोहन चिल्लाया। 'जल्द, वापस आओ!' लेकिन तब तक बहुत देर हो चुकी थी। ऐसा लगा कि दुनिया और तेज़ी से घूमने लगी है। बत्तियाँ जलने-बुझने लगीं और तूफ़ानी हवा की आवाज़ उनके कानों में गूँजने लगी।

एक बार फिर, सब कुछ ठहर गया था।

• • • • • • • • • • • • • • •

जब उन्होंने अपनी आँखें खोलीं, तब बच्चे वापस गुफ़ा में लौट चुके थे। अंश बहुत राहत महसूस कर रहा था, यह साफ़ नज़र आ रहा था। उसने अपने फ़ोन में देखा और बोला, 'अरे! तुम इस बात पर विश्वास नहीं करोगे! लेकिन हमारे जाने के बाद से अब तक बिल्कुल भी समय नहीं बीता है। अभी भी शनिवार की दोपहर ही है। और दिन के खाने का समय है! मेरी माँ को पता भी नहीं चलेगा कि मैं कहीं चला गया था।'

नूर ख़ुशी से उछल पड़ी- 'क्या जांबाज़ी का काम किया है हमने! मुझे तो अभी भी विश्वास नहीं हो रहा है। लेकिन हमारे साथ ऐसा क्यों हुआ? आख़िर हमारे साथ ही ऐसा क्यों हुआ?' उसने रोहन पर एक नज़र डाली, जो अपना सिर पकड़ कर फर्श पर बैठा परेशान नज़र आ रहा था। उसकी आँखों में आँसू भर आये थे। 'ओह, रोहन! मुझे एल्फू के लिए बहुत अफ़सोस है।'

ज़ोया ने उनकी तरफ़ देखा और बिना कुछ बोले अपना फ़ोन निकाल लिया। जैसे ही उसने फ़ोन पर उंगलियाँ चलायीं, गुफा में नीली रोशनी भर गयी। 'देखो! यहाँ हाथी जैसा दिखने वाला बटन है!' वह चिल्लाई। जैसे ही उसने उसे दबाया, स्क्रीन पर एक गोला घूमता दिखायी दिया और स्क्रीन पर लिखा हुआ दिखाई दिया- 'हाथी की खोज जारी है।'

वे सभी दम साधकर घूमते गोले को देख रहे थे कि तभी वह थम गया और वहाँ लिखा हुआ दिखने लगा- 'हाथी की खोज सफल। 326 ईसा पूर्व में मिला।'

रोहन ने अपना फ़ोन चालू किया तो उस पर भी आ गया कि एल्फू कहाँ मिला। वह उठ खड़ा हुआ। कुछ कर गुज़रने का पक्का इरादा और जोश उसके

चेहरे पर झलक रहा था। 'देखो, मुझे एल्फ़ू के लाने के लिए वापस जाना होगा, और तुम सब रिज़ॉर्ट वापस लौट जाओ,' उसने ज़ोर देकर कहा।

अंश ने बेचैनी से गुफ़ा के मुहाने की ओर देखा। वह बीते हुए समय के पागल कर देने वाले सफ़र पर फिर से जाने के लिए तैयार नहीं था! वह इससे उकता चुका था। उसे इस बात का बिल्कुल भी अंदाज़ा नहीं था कि वे लोग आख़िर बीते हुए समय में इतने पीछे कैसे और क्यों जा पहुँचे थे, और वह यह सब जानना भी नहीं चाहता था! उसने बाहर निकलने के रास्ते की ओर कुछ कदम बढ़ाये, लेकिन फिर ठहर गया। 'नहीं!' उसने चिल्लाकर कहा- 'एक-एक सब के साथ, सब के सब एक के साथ! भले ही यह मामला उस बिगड़ैल हाथी से जुड़ा ही क्यों न हो।'

उसने खिसियानी-सी हँसी बिखेरी और मुट्ठी बाँधकर हाथ ऊपर उठाया। ज़ोया और नूर ने भी आकर वैसा ही किया और साथ में बोलीं, 'बिल्कुल! एक-एक सब के साथ, सब के सब एक के साथ! बाकी की बातें हम बाद में समझ लेंगे...'

अब रोहन को देखकर सचमुच ऐसा लग रहा था जैसे वह अभी रो पड़ेगा। वह आगे आया और उसने उन्हें गले लगा लिया। 'तुम लोगों का बहुत-बहुत शुक्रिया! मेरे लिए इतना ही बहुत है।'

जब रोहन ने बटन दबाया, तब उन सभी ने एक-दूसरे के हाथ थामे हुए थे। अजीब से सायरन जैसे शोर और सीटी की आवाज़ें, और बिजली-सी कौंधने के बाद, जब बच्चों ने अपनी आँखें खोलीं, तो उन्हें एहसास हुआ कि वे फिर से एक नदी के किनारे पर थे। लेकिन यह झेलम नहीं थी, जिसे वे चन्द्रगुप्त के साथ पहले पार कर चुके थे। यह नदी संकरी थी, और इसका बहाव भी उतना तेज़ नहीं था। नज़ारा भी अलग-सा दिख रहा था- बहुत सारे खुले खेत थे, पेड़ कम थे और गनीमत है कि यहाँ लाशें नहीं थीं। ज़मीन पर कीचड़ ही कीचड़ था। आसमान में काले-काले घने मानसून के बादल घिर रहे थे और बार-बार सूरज को ढक ले रहे थे।

वहाँ से काफ़ी दूरी पर उन्हें एक फ़ौजी छावनी के तंबू दिखाई दिये।

'आओ, रोहन फुसफुसाया, 'देखते हैं वहाँ क्या हो रहा है- एल्फ़ू को इधर ही कहीं होना चाहिए!'

जैसे-जैसे वे रेंगते हुए आगे बढ़े, बारिश की मोटी-मोटी बूंदें टप-टप गिरने लगीं। उन्होंने देखा कि छोटे-छोटे गुट बनाकर खड़े यूनानी सैनिक थके-मांदे दिखाई दे रहे थे और आपस में दबी ज़ुबान में कुछ चर्चा कर रहे थे।

ज़ोया ने कहा, 'अरे, यह तो परेशान से दिखाई दे रहे हैं।'

'आख़िर हम इस छावनी के अंदर कैसे पहुँचेंगे?' रोहन ने अंदर जाने का रास्ता खोजने के लिए उस जगह के चक्कर काटे।

'मैं बताती हूँ!' नूर ने पूरे विश्वास के साथ कहा। 'चलो पहरेदारों पर धावा बोलकर उनकी तलवारें छीन लें!'

बाकी तीनों ने उसे घूर कर देखा। 'क्या बात है! झांसी की रानी ने कितना सोच-समझ कर तय किया है कि क्या करना चाहिए और कैसे करना चाहिए,' अंश ने मज़ाक उड़ाते हुए कहा।

'ठीक है, ठीक है, झगड़ा मत करो,' ज़ोया ने कहा। 'चलो एक चक्कर लगाकर देखें कि अंदर जाने की कोई दूसरी जगह है जहाँ ज़्यादा सख़्त पहरा न हो।'

जैसे ही उन्होंने छावनी का चक्कर काटा, उन्हें पता चल गया कि एक जगह एक ऐसा रास्ता था जिससे ज़रूरत की चीज़ें अंदर पहुँचाई जाती थीं। इलाके के कई लोग और कई छकड़े तमाम किस्म की ज़रूरत की चीज़ें- फलों और सब्जियों के ढेर, तेल के पीपे, गेहूँ और चावल की बोरियाँ लाद कर इस रास्ते से आ-जा रहे थे।

'बात बन गयी!' रोहन ख़ुशी से फुसफुसाया। 'हमें व्यापारी होने का नाटक करना होगा।'

वे अंदर जाने के रास्ते की ओर धीरे-धीरे बढ़े तो देखा कि वहाँ घास के गट्ठरों से लदी एक ऐसी गाड़ी खड़ी थी जिसका गाड़ीवान वहाँ नहीं था। उनमें से सभी ने एक-एक गट्ठर उठा लिया और उसे इस तरह सिर पर रख लिया कि उनके चेहरे करीब-करीब पूरी तरह से छिपे रहें।

रोहन जब उस रास्ते से अंदर घुसने लगा तो भारी-सी आवाज़ बनाकर बुदबुदाया, 'महान सेनापति के घोड़ों का चारा।'

उन्हें बिना किसी रोक-टोक के अंदर जाने दिया गया। वे तब तक बिना किसी दिक़्क़त के आगे बढ़ते रहे जब तक कि वह एक बड़े और शानदार तम्बू के करीब नहीं पहुँच गये, जिसे पहरेदारों ने घेर रखा था। उसके अंदर जाने के मुख्य द्वार के बाहर यूनानी सैनिकों के एक बड़े दल ने जमावड़ा लगा रखा था। उन सबने अजीब कपड़े पहने हुए थे। फ्रॉक जैसी दिखने वाली सादे कपड़े की उनकी वर्दी के बजाय उन्होंने तरह-तरह के रंग-बिरंगे छापे वाले सूती कपड़े से बनी पोशाकें पहन रखी थीं।

अंश ने कहा, 'यह कपड़े तो फ़ैबइंडिया जैसे लगते है! मेरी माँ वहीं से ख़रीदारी करना पसंद करती हैं।'

कुछ सैनिक कच्ची ज़मीन पर सिर पकड़कर गुमसुम बैठे थे और कुछ रो रहे थे। कुछ दूसरे ज़ोर-ज़ोर से गुहार लगा रहे थे।

'ओ महान बादशाह! हमारी भी सुध लीजिए! सुन लीजिए फ़रियाद हमारी! हमें कब तक दुनिया भर में भटकना होगा? हमारे बाल पकने लगे हैं। और इतना समय हो गया है कि हमारे बच्चे भी अब तक बड़े हो चुके होंगे।'

फिर सारे के सारे नारे लगाने लगे, 'हमें घर जाना है! हमें घर जाना है!'

अंश ने मन ही मन सोचा- मुझे भी जाना है!

एक सिपाही आगे बढ़ा और बाकी सबके सामने अपने हाथ से उन्हें चुप रहने का इशारा किया। फिर, वह तंबू के अंदर जाने के रास्ते के थोड़ा क़रीब गया और ऊँची आवाज़ में गुहार लगायी, 'हे अलेक्ज़ेंडर, आइये और हम पर नज़र डालिए। देखिये हमें!' उसने मायूसी के साथ अपना नीले और पीले फूलों के छापे वाला अंगरखा पकड़ लिया। 'यहाँ तक कि हमारे घर के कपड़े भी इस कभी न थमने वाली बारिश में चीथड़े-चीथड़े हो गये हैं। सत्तर दिन से बारिश नहीं रुकी है! सत्तर दिन से! हमें... ये... एथनिक से कपड़े पहनने पड़ रहे हैं!' उसकी आवाज़ में बेहद मायूसी और खीज भरी थी।

एक दूसरे फ़ौजी ने अपनी बाहें फैला दी जिन पर लाल-लाल, ऊबड़-खाबड़ ददोरे पड़े थे, और चिल्लाकर कहा, 'हम आपके लिए किसी भी दुश्मन को हरा सकते हैं... लेकिन यहाँ के मच्छरों को नहीं!'

बच्चों ने एक-दूसरे को देखा। रोहन ने उन्हें एक इशारा किया और वे चुपचाप तंबू के पीछे की ओर चले गये। तंबू के अंदर से ज़ोर से चिल्लाने की आवाज़ आयी- 'यह क्या बेहूदा मज़ाक है! वे तीन दिनों से इसी तरह की हरकत कर रहे हैं! मैं उनमें से एक-एक का सिर कलम करवा दूँगा। मैं सिर्फ़ आगे बढ़ना चाहता हूँ!' ज़ोया ने फुसफुसाते हुए कहा, "ऐसा लगता है...

...सिकंदर ही हैं!' नूर ने बात पूरी की।

अंश ने तंबू के नीचे के हिस्से में एक सुराख़ देखा और फ़ौरन उसमें से अंदर देखने के लिए उकड़ू बैठ गया। इसके साथ ही, बाकी लोग भी अंदर देखने के लिए होड़ करने लगे।

अलेक्ज़ेंडर आगबबूला हो रहा था और उसका चेहरा लाल था, ऐसा बेकाबू हो रहा था जैसे उसे गुस्से का दौरा पड़ा हो। वह अपने तीन सेनापतियों पर गुर्रा रहा था। 'हम आगे क्यों नहीं बढ़ सकते? हाइफैसिस नदी के पार बस कुछ ही मील की दूरी पर दुनिया का आख़िरी सिरा है। हर कोई जानता है कि भारत के बाद दुनिया में ज़मीन खत्म हो जाती है। मैं दुनिया का वह छोर देखना चाहता हूँ!' वह ज़ोर से पैर पटकते हुए चिल्लाया।

उसका पसंदीदा कुत्ता पेरितास अपने प्यारे मालिक के चिल्लाने के साथ तालमेल बिठाकर चिल्लाने लगा।

भौंचक्के होकर बच्चों ने एक-दूसरे की ओर देखा और कंधे उचकाए।

सेनापतियों में से एक ने कहा, 'हे महान बादशाह! अगर हमने अब भी अपने लोगों की बात नहीं मानी, तो मुझे डर है कि बड़े पैमाने पर बग़ावत हो जाएगी। वे पिछले दस साल से पूरी वफ़ादारी से आपका साथ देते आये हैं। अब उनके ऊपर एक और मुश्किल इम्तिहान मत थोपिये। अब उनका सब्र ख़त्म होने को है।'

एक दूसरे सेनापति ने कहा, 'यहाँ सैनिक दुखी हैं और अफ़वाहों से बेहद डरे हुए हैं।' हालांकि पोरस के पास सिर्फ़ बीस हज़ार फ़ौजी थे, तब भी उन्हें पोरस के ख़िलाफ़ टिके रहने में बहुत ज़्यादा मुश्किल का सामना करना पड़ा। पिछले कुछ महीनों से वे यही सुन रहे हैं कि धनानंद की सेना के हज़ारों सैनिक नदी के पार उनका इंतज़ार कर रहे हैं। न पचास हज़ार, न सत्तर हज़ार, बल्कि दो लाख! अस्सी हज़ार घुड़सवार, आठ हज़ार रथ और छह हज़ार हाथी अलग से हैं।

'यह सब बकवास है, और कुछ नहीं।' उसने पहले कही हुई बातों को खारिज करते हुए कहा। 'लेकिन ऐसा नहीं लगता कि किसी भी तरह की बातचीत, कोई धमकी या कोई आदेश भी उनके इस विश्वास को बदल सकता है। उन्हें कत्ल होने का डर बुरी तरह घेरे हुए है। वे आगे बिल्कुल नहीं बढ़ेंगे। वे अब घर जाना चाहते हैं,' सेनापति ने कहा।

सिकंदर एक कुर्सी पर बैठ गया और तेज़ी से सोचने लगा। वह पहले ही अपने वफ़ादार फ़ौजियों के साथ इसी मुद्दे पर बहस करते हुए कई दिन बिता चुका था। यह सब इस तरह तो नहीं चल सकता। वह अकेले अपने दम पर खुली बग़ावत का सामना कर रहा था। उन्हें अपने लगातार रोने-झींकने के रवैये को बदलना ही होगा- वह इस सबको और ज़्यादा बर्दाश्त नहीं कर सकता था।

कुछ ही देर के बाद, सिकंदर खड़ा हुआ और अपना फैसला सुनाते हुए कहा, 'ठीक है। ऐसा ही सही। जो हुआ सो हुआ। हम अगले साल फिर से आ सकते हैं। फ़ौरन ख़ेमे समेटने का ऐलान कर दो, और चलने से पहले वाली रस्मों की तैयारी करो। और इस बात का इंतज़ाम करो कि ज़्यादा बड़ी चीज़ें, जिन्हें साथ ले जाना मुश्किल है, उन्हें यहीं ठिकाने लगा दिया जाये। कल बलि और दूसरी रस्मों को पूरी करते ही हम यहाँ से कूच कर जाएँगे।'

सेनापतियों में से एक ने अपने दोस्त से फुसफुसाकर कहा, 'चलो, बहुत बड़ा काम पूरा हुआ। हमारे आक़ा एक बार जिस बात के लिए मन बना लेते हैं, उसे पूरा करने के लिए वक़्त बिल्कुल बर्बाद नहीं करते।'

सेनापति वहाँ से चले गये। कुछ ही देर में, बच्चों को छावनी के आगे वाले हिस्से से हँसने-खिलखिलाने और ख़ूब ख़ुश होकर बातें करने की आवाज़ें सुनायी देने लगीं। यूनानी फ़ौजी बेहद ख़ुश थे कि आख़िरकार उन्हें घर जाने का मौका मिलने वाला था। नये जोश के साथ सबके अपने-अपने काम में जुट जाने से सारी छावनी में चहल-पहल बढ़ गयी थी। अपने कामकाज में कायदे से जुटी रहने वाली चींटियों की फ़ौज की तरह, यूनानी सैनिकों ने अपने तंबू और साजो-सामान के साथ, ज़ाहिर है, लूट का माल भी बाँधना शुरू कर दिया।

ज़ोया ने चहकते हुए कहा, 'रुको! यूनानी वापस लौट रहे हैं! मुझे तो इसकी बिल्कुल भी उम्मीद नहीं थी!'

रोहन ने हैरानी जताते हुए कहा, 'लेकिन एल्फू कहाँ है?'

बच्चे अपने साथी हाथी की तलाश में तंबुओं के बीच घूमने लगे। वे अपने-अपने घास के गट्ठर अपने साथ ढोते रहे, ताकि अगर उनसे कोई पूछताछ की जाये, तो वे चारा लाने वाले होने का बहाना कर सकते थे।

छावनी बहुत विशाल और अव्यवस्थित सी थी और उसके एक सिरे से दूसरे सिरे तक जाने में समय लगा। बच्चे बेतरतीब ढंग से लगे बाज़ार वाले हिस्से में पहुँचे, जहाँ आसपास के इलाके से आये भारतीय अपना सामान बेच रहे थे। उसे पार करते हुए वे जानवरों के बाड़े तक जा पहुँचे। लेकिन एल्फू कहीं नज़र नहीं आया। मायूस होने के बावजूद, वे आगे बढ़ते गये।

आख़िरकार उन्हें एक अजीब नज़ारा देखने को मिला। एक बड़ा-सा लकड़ी का बाड़ा था, जिसमें हर तरह के जानवर और पौधे इकट्ठे थे। सभी तरह के जानवरों को उसी के अंदर बने छोटे-छोटे बाड़ों में अलग-अलग रखा गया था, जैसे अजायबघर या चिड़ियाघर में रखा जाता है। एक कोने के बाड़े में उन्हें एल्फू दिखाई दे गया, जो बिल्कुल पगलाया सा था और बेचैनी से इधर-उधर देख रहा था।

एल्फू की सारी मस्ती उड़न छू हो चुकी थी। एक महावत उसे चारा खिलाने की कोशिश कर रहा था, जिसे वह बार-बार अपनी सूँड से दूर हटा देता था।

रोहन को इतनी राहत मिली कि वह वहीं जमीन पर पसर गया। 'उफ़्फ़! मिल गया!'

'लेकिन वे उसे ले जाने वाले हैं,' नूर ने फुसफुसा कर कहा।

जब बाकी लोग इधर-उधर देख रहे थे, तभी उन्होंने देखा कि बैलगाड़ियों और घोड़ा गाड़ियों को बाड़े के अंदर ले जाया जा रहा था। फिर अलग-अलग किस्म के पेड़-पौधों और जीव-जंतुओं को धीरे-धीरे उन पर लादा जाने लगा।

रोहन सीधे बाड़े के द्वार पर तैनात यूनानी पहरेदार के पास गया। अपनी बेचैनी को छुपाने की कोशिश करते हुए (जिसमें नाकामी हाथ लग रही थी) उसने पूछा, 'तो, आप सब घर वापस जा रहे हैं, है न? यह थोड़ा हैरानी वाली बात है... और फिर इन सब का क्या होगा?" उसने जानवरों और पौधों वाले बाड़े की तरफ़ इशारा किया।

पहरेदार ख़ुश था और ऐसा नहीं लग रहा था कि उसे उनसे बातचीत करने में कोई ऐतराज़ हो। उसने कहा, 'मैं दुनिया का सबसे खुशकिस्मत इंसान हूँ! मैं यह सब लेकर अपने वतन मकदूनिया वापस जाने वाला हूँ! बस जल्दी ही!' उसने अपने पीछे की तरफ़ इशारा करते हुए कहा। "हमारे आका इन्हें अपने उस्ताद अरस्तू के लिए तोहफ़े के तौर पर भेज रहे हैं, जो कि वाकई दुनिया के एक ऐसे शख्स हैं जो सब कुछ जान लेना चाहते हैं। वे तब तक सवाल पर सवाल पूछते रहते हैं जब तक कि सिर गोल-गोल न घूमने लगे!' सिपाही अपनी ही बात पर ठहाका मारकर हँसा। 'अपने परिवार से मिलने का इंतज़ार करना मेरे लिए मुश्किल हो रहा है। मुझे यह भी याद नहीं है कि मैंने उन्हें आख़िरी बार कितने साल पहले देखा था। मुझे कल निकलना है!' एक साथ इतना कुछ बोल जाने के बाद आख़िरकार वह साँस लेने के लिए ठहर गया। लेकिन पूरे दाँत दिखाते हुए हँसना जारी रखा। रोहन उम्मीद खोने लगा था, और वहाँ से धीरे-धीरे चल पड़ा। एल्फ़ू यूनान चला जाएगा? वह ऐसा होने से कैसे रोक सकेगा?

•••••••••••••••

बच्चे अपनी-अपनी चारे की गठरियों पर बैठे हुए थे, मायूसी से चारों तरफ़ देख रहे थे, कोशिश कर रहे थे कि एल्फ़ू को बचाने का कोई तरीका उन्हें सूझे। तभी ज़ोया ने कनखियों से पास ही कुछ हरकत होते देखी। जैसे ही उसने उधर घूम कर देखा, उसके चेहरे पर एक ऐसी मुस्कान फैल गयी, जैसे कोई बहुत बड़ी बात हुई हो।

'ओह! हे ईश्वर। अरे देखो! सब लोग देखो!'

•••••••••••••••

नूर उछल पड़ी और लपक कर आगे बढ़ी। 'चंदू! तुम कैसे हो?'

धूप से काले पड़े चन्द्रगुप्त के चेहरे पर खुशी और हैरानी के भाव उभर आये। 'नूरपुत्र! अंशपुत्र! रोहणीपुत्र! जम्बूपुत्र! तुम चारों कहाँ चले गये थे? जब तुम लोग उस शाम आचार्य जी के यहाँ नहीं पहुँचे तो मुझे बहुत चिंता हो गयी थी। और फिर तुम लोगों का इतने महीनों तक बिना कुछ कहे गायब रहना ...' उसने उन्हें नाराज़गी भरी नज़रों से देखा।

ओह, ज़ोया ने सोचा, उसका दिमाग तेज़ी से काम कर रहा था। ऐसा लग रहा था जैसे बीते हुए समय में वापसी के लिए उनकी दो छलांगों के दौरान कुछ महीने बीत गये थे।

'अरे, उसी दिन हमारे पिता के दोस्त, शशिगुप्त, हमें एक ज़रूरी काम में मदद करने के लिए एओर्नोस ले गये थे- और वहाँ से हम अभी वापस आये हैं,' ज़ोया ने उन लोगों की वहाँ गैरमौजूदगी की वजह बताते हुए कहा।

उसकी बात पर चन्द्रगुप्त को यकीन हो गया होगा, क्योंकि वह अब मुस्कुरा रहा था।

ज़ोया ने आगे कहा, 'हमने एल्फ़ू को तक्षशिला में उन्हीं शशिगुप्त जी के लोगों के पास छोड़ दिया था, 'लेकिन जब हम वापस आये, तो हमें पता चला कि ये नासपीटे यूनानी एल्फ़ू को ज़बरदस्ती अपने साथ ले आये हैं!'

'क्या! तुम्हारा गज इन शैतान यूनानियों के पास है? यह तो बहुत बुरा हुआ...' चन्द्रगुप्त ने हमदर्दी जताते हुए कहा। 'मैं भी काम में काफ़ी उलझा रहा हूँ। आचार्य बड़े होशियार हैं- उन्होंने हम सभी शिष्यों को हर रोज़ यूनानियों के ख़ेमे के आसपास घूमने और नंद राजाओं की बड़ी-बड़ी सेनाओं के बारे में मनगढ़ंत

कहानियाँ सुनाने का काम दे रखा था। इससे बड़ी ख़ूबसूरती से बात बन गयी! सैनिक अलक्षेंद्र के पास गये और अपने परिवार के साथ अच्छा समय बिताने के लिए घर जाने की ज़िद करने लगे। ज़ाहिर है, वे यह तो मानने से रहे कि वे डरे हुए थे। वे दिखावा कर रहे थे कि उन्हें घर की याद आ रही है, लेकिन दबी ज़बानों में मैंने उन्हें आपस में ऐसा कहते सुना है!'

ज़ोया बीच में ही बोल पड़ी, 'अरे नहीं! ऐसा नहीं हो सकता कि यूनानी तुम्हारी अफ़वाहों की वजह से वापस जा रहे हैं?'

चन्द्रगुप्त ने मुस्कुराते हुए कहा, 'ठीक है, दरअसल वे सारी अफवाहें आचार्य की गढ़ी हुई हैं, और मैं उन्हें फैलाने में मदद कर रहा हूँ, लेकिन तारीफ़ का सेहरा अपने सर बंधवाने में मुझे कोई ऐतराज़ नहीं है।'

ज़ोया का ध्यान कहीं और ही चला गया था। 'क्या बात है! आचार्य चाणक्य तो बेहद प्रतिभाशाली हैं! अब समझ में आया...'

रोहन को न तो यूनानी सेना में ज़रा भी दिलचस्पी थी और न ही सिकंदर में। वह उतावला हो रहा था। 'दोस्तों, हमें सबसे पहले किसी तरह एल्फू को बचाने की ज़रूरत है। वह मेरे बिना जी नहीं पाएगा... और मैं उसके बिना अपनी ज़िंदगी के बारे में सोच भी नहीं सकता,' उसने कहा। इसी के साथ उसकी आँख की कोर से एक छोटा-सा आँसू ढुलक गया जिसे उसने जल्दी से पोंछ दिया।

चन्द्रगुप्त ने दिलासा देते हुए रोहन के कंधे को थपथपाया। 'रुको, मैं समझ गया! मैं जानता हूँ कि हम गज को कैसे बचा सकते हैं! हमें बस थोड़ी-सी हिम्मत और अपने आप पर ढेर सारे भरोसे की ज़रूरत है!' उसने उन्हें देखा, और मन ही मन अपने आप से ख़ुश होते हुए कहा-

'क्यों न हम गज की जगह किसी दूसरे हाथी को बाड़े में रख दें?'

बच्चे उसकी तरफ़ प्रशंसा भरी नज़रों से देखने लगे।

चन्द्रगुप्त तेजी से उठ खड़ा हुआ और बोला, 'चलो, चलें! मुझे पूरा यकीन है कि यहाँ कहीं *गज स्थान* ज़रूर होगा। अपनी शानो-शौकत की ख़ातिर कोई भी राजा उनके बिना नहीं रहेगा। उन्हें अपने पीछे आने का इशारा करते हुए वह तेज़ क़दमों से चल पड़ा।

हाथी दिखायी देने से काफ़ी पहले उन्हें उनकी आवाज़ें सुनायी देने लगी थीं; छावनी के शोरगुल में भी उनकी तेज़ आवाज़ें सुनाई दे रही थीं। जैसे ही बच्चे उस तरफ बढ़े जिधर से हाथियों की आवाज़ें आ रही थीं, उन्हें हाथियों का एक बड़ा-सा तबेला नज़र आ गया, और उनके चिंघाड़ने की आवाज़ें हर तरफ़ गूँजने लगीं।

ऐसा लग रहा था जैसे वहाँ आसपास में बहुत सारे लोग भी होंगे। चन्द्रगुप्त ने अपने साथियों की ओर घूम कर कहा, 'मुझे लगता है, बेहतर यही होगा कि हम सब क़रीब एक घंटे तक छिपे रहें, जब तक कि अंधेरा न हो जाये।'

जैसे ही रात होने के साथ छावनी में चहल-पहल धीरे-धीरे कम हुई, चन्द्रगुप्त ने अपने साथियों को लेकर हाथियों के तबेले का रुख़ किया। एक बार जब बच्चे हाथियों वाले आहते के अंदर घुस गये, तो उन्होंने देखा कि वहाँ दर्जनों हाथी शाँत खड़े थे।

अचानक, चन्द्रगुप्त ने अजीब-अजीब आवाज़ें निकालना शुरू किया- भारी आवाज़ें, कुछ इस तरह की गहरी आवाज़ें जैसे वे ज़मीन के अंदर से आ रही हों। इससे सभी हाथी मिलकर झूमने लगे, अपनी सूँड चन्द्रगुप्त की ओर बढ़ाने लगे। मानो कोई जादू-सा चल गया हो उन पर। बच्चे एल्फू की ऊँचाई से मेल खाते हाथी को खोजने की कोशिश में उनके बीच चले गये। लेकिन ये बहुत बड़े-बड़े जानवर थे, जिन्हें जंग में लड़ने वाले खौफ़नाक लड़ाके बनने के लिए चुना गया था जबकि एल्फू उनके सामने एक बच्चा था।

आख़िर में चन्द्रगुप्त ने एक कोने में एक छोटे हाथी को देखा और कहा, 'इसी से काम चलाना होगा।'

वह हाथी के पास गया और धीमी-सी आवाज़ में उसके कान में कुछ गुड़गुड़ाने जैसी आवाज़ की। हाथी ने पहले चन्द्रगुप्त के आगे अपना सिर झुकाया, फिर लाड़ से उसकी कमर के चारों ओर अपनी सूँड लपेट दी। बच्चे दंग रह गये। वह देख रहे थे कि चन्द्रगुप्त के पास जानवरों को काबू करने की ज़बरदस्त ताक़त थी। हाथी एक ऐसे बड़े से पिल्ले की तरह खुशी-खुशी उसके पीछे चलने को तैयार हो गया था जिसे उसकी पसंदीदा खाने की चीज़ मिल गयी हो।

जब वे एल्फू के बाड़े के पास पहुँचे, तो उन्हें यह देखकर राहत मिली कि वहाँ कोई पहरेदार नहीं था।

जैसे ही वे उसके बाड़े में दाखिल हुए, एल्फू को रोहन की गंध मिल गयी। उसने पूरे ज़ोर से चिंघाड़ना शुरू कर दिया और बेहद ख़ुशी के साथ मटकता हुइ बाड़े के किनारे पर आ गया।

'बस-बस, एल्फू। बहुत हो गया...' रोहन ने बाँस की कामचलाऊ-सी बाड़ के दूसरी ओर हाथ बढ़ा कर उसे शाँत करने के लिए उसकी सूँड को सहलाया, ताकि उसके शोर से उनका भेद न खुल जाये।

चन्द्रगुप्त ने जल्दी से अपनी थैली से खड़िया का एक टुकड़ा निकाला और एल्फू की जगह लेने के लिए चुने गये हाथी के माथे पर एक सितारा बना दिया, और उसने जल्दी से दोनों की अदला-बदली कर दी।

जैसे ही बच्चे एल्फू को साथ लेकर बाहर जाने लगे, चन्द्रगुप्त ने फुसफुसाकर कहा, 'मुझे कुछ देर इसके साथ यहीं रहने दो, ताकि नयी जगह आने की इसकी बेचैनी कुछ कम हो जाये। मैं जल्दी ही तुम्हारे पास पहुँच जाऊँगा।'

ज़ोया एक गाड़ी के पास से गुज़री जिसमें महान गुरू अरस्तू को भेजने के लिए इकट्ठी की गयी पुराने ज़माने की किताबें भरी थीं। हर किताब के पन्ने सूखी छाल की पतली और लंबी पट्टियों से बने थे, जिन्हें एक डोरी से एक साथ बाँधा गया था। उन पर सब जगह अजीब-सी लिखावट नज़र आ रही थी।

ज़ोया वहीं ठहर कर उन्हें देखती रह गयी जबकि बाकी लोग चलते हुए आगे निकल गये। उसे विश्वास ही नहीं हो रहा था कि उसके सामने वास्तव में ये बहुत पुराने समय की पांडुलिपियाँ हैं! ज़ोया ने यह देखने के लिए चारों ओर नज़र दौड़ाई कि कोई उसे देख तो नहीं रहा है। फिर उसने चुपचाप एक किताब उठा ली और जल्दी से उसे अपने ढीले से कुर्ते में छुपा लिया। वह जानती थी कि यह बहुत ग़लत काम है, लेकिन वह ख़ुद को ऐसा करने से रोक नहीं सकी। फिर उसने तेज़ी से क़दम बढ़ाए और जल्दी ही बाकी सब के पास पहुँच गयी।

चारों बच्चे और एल्फू दम साधे चुपचाप फूस के ढेर की ओर बढ़ रहे थे। पकड़े जाने पर वे अपने बारे में तो कोई न कोई कहानी गढ़ सकते थे, लेकिन हाथी के बारे में किसी को क्या सफ़ाई देते?

बिना किसी से आमना-सामना हुए वे वहाँ से निकलने में कामयाब रहे। जब वे एल्फू को फूस के गट्ठरों से ढक कर छुपा रहे थे, तब एल्फू ने सोचा कि यह कोई खेल है और वह उन्हें नीचे गिराने लगा। आख़िरकार, रोहन को उसके पैरों के बीच

खड़े होकर उसकी सूँड को पकड़ कर रखना पड़ा। जल्दी ही चन्द्रगुप्त भी वहीं आ गया और वे सब रात बिताने के लिए वहीं ठहर गये।

एल्फू के वापस मिल जाने से सभी राहत महसूस कर रहे थे, लेकिन उनके सामने एक दिक्क़त भी थी। वे बीच-बीच में अपने फ़ोन देख ज़रूर लेते थे, लेकिन उन्हें ऐप में ऐसा कुछ भी नहीं दिखाई दे रहा था, जिससे उन्हें घर वापस लौटने का कोई सुराग मिले।

पूरी छावनी में दर्जनों अलाव जल रहे थे और यूनानी सैनिक अपनी भाषा में ख़ुशी के गीत गा रहे थे। ज़ाहिर है, उन्हें परेशान कर देने वाली गर्मी और उमस वाली इस जगह से अपने वतन लौटने का बेसब्री से इंतज़ार था।

उनके एक गीत के बोल थे-

ओसो ज़ीस लामसे...

जिसके मायने कुछ इस तरह थे-

'जब तक जियो, जगमगाओ
हर ग़म को दूर भगाओ
बस कुछ देर का है यह जीवन
वक़्त जो माँगे मोल चुकाओ।'

गीत के बोलों के साथ लगातार हथौड़े मारने और आरी चलने की आवाज़ें सुनाई दे रही थीं, क्योंकि यज्ञ के लिए वेदियाँ बहुत तेज़ी के साथ बनायी जा रही थीं।

•••••••••••••••

बिगुल बजने की तेज़ आवाज़ गूँजी, तो बच्चे चौंककर जाग गये।

यूनानी में एक आवाज़ गूँजी- ये सबके लिए एक ऐलान था:

'अरे, हो रे! अरे, हो रे!

सभी लोग पवित्र यज्ञ के लिए फ़ौरन नदी के किनारे पर इकट्ठे हो जाएँ। अपना सारा सामान अपने साथ लाएँ। हम जल्द ही कूच कर जाएँगे।'

बच्चों ने एक-दूसरे की ओर देखा। यह रास्ते का आख़िरी पड़ाव था, और सबसे ख़तरनाक भी।

•••••••••••••••

जैसाकि वे पहले बातचीत करके तय कर चुके थे, रोहन और अंश एल्फ़ू को छुपाने के लिए वहीं ठहर गये, जबकि चन्द्रगुप्त, ज़ोया और नूर को साथ लेकर आगे बढ़ गया। जैसे ही उन्होंने नदी के किनारे जाने वाला रास्ता पकड़ा, उन्हें बारह ऊँची-ऊँची लकड़ी की वेदियाँ दिखाई दीं, जो आसमान को छूती नज़र आ रही थीं। सभी सत्तर से अस्सी फीट ऊँची थीं। उन सभी के ऊपर बड़ी-बड़ी लकड़ियाँ जल रही थीं, और वहाँ तक पहुँचने के लिए सीढ़ियाँ बनी थीं । ये वेदियाँ लकड़ी के जिन खंभों पर टिकी थीं, उन पर रंगों से अलग-अलग प्रतीक बनाये गये थे।

नूर ने ज़ोया के कंधे पर थपकी मारी। 'देखो!' उसने वेदियों से थोड़ा आगे बने लकड़ी के एक कम ऊँचाई वाले मंच की तरफ़ इशारा करते हुए तीखे स्वर में बिल्कुल धीरे से कहा। 'उस मंच के बगल में वह नकली-एल्फ़ू है। नकली एल्फ़ू का चेहरा रंग-रोगन से खूब लिपा-पुता हुआ था, और उसके ऊपर हर तरफ़ तरह-तरह की सजावटी चीज़ें लटक रही थी। वहाँ जो भी कुछ हो रहा था उसे वह कम उम्र का खुशमिज़ाज हाथी बड़ी दिलचस्पी के साथ देख रहा था।

पहले घोड़ों और फ़ौजियों ने शानदार करतब दिखाये, फिर सिकंदर ने पोरस के साथ मंच पर कदम रखा। उनके सामने यूनानी और भारतीय सैनिकों का एक बड़ा जमावड़ा था।

सिकंदर ने बड़े ही शाही अंदाज में ऐलान किया 'ईश्वर ही नहीं, हम भी उन लोगों की बात सुनते हैं जो हम पर भरोसा करते हैं। हमने फैसला किया है कि अब हम यहाँ से सीधे अपनी राजधानी बेबीलॉन वापस जायेंगे। मेरा हुक़्म है कि यह सारी ज़मीन, यहाँ से हाइफ़ैसिस नदी तक, बहादुर राजा पोरस के राज में जोड़ दी जाये, और वही मेरे नाम पर यहाँ राज करें।'

'आपमें से आधे लोग मेरे साथ इंडस नदी के किनारे-किनारे आगे बढ़ेंगे, और हम यहाँ से बेबीलॉन तक की सारी ज़मीन पर फ़तह हासिल करेंगे! बाकी आधे लोग एडमिरल निअरकस के साथ वापस लौट जाएँगे।

'यह जो इधर कुछ लोग हैं,' उसने नकली एल्फ़ू की तरफ़ इशारा करते हुए कहा, 'इन्हें जल्द से जल्द उस्ताद अरस्तू के लिए इन नमूनों के साथ मकदूनिया की ओर कूच करना है! वह इन नमूनों की जांच-पड़ताल का काम शुरू करने के लिए बहुत बेचैन होंगे। हमारे देश के लोगों को भी उन हैरान कर देने वाले तमाम अजूबों का मज़ा लेने का मौका मिलना चाहिए जो भारत के अपने इस शानदार अभियान के दौरान हमें देखने को मिले। बहादुरों! ताक़तवर और अनुशासित बनो। जैसाकि अच्छे मैसेडोनियन फ़ौजियों को होना चाहिए।'

जंगी ढोल-नगाड़े एक लय में बजने लगे और यूनानी सैनिक तेज़ी से क़दमताल करते हुए वहाँ से जाने लगे, और छावनी में इधर-उधर बिखरी कुछ चीज़ें वहीं रह गयीं। राजा पोरस के फ़ौजी दस्ते कुछ दूरी पर एक जगह इकट्ठे होने लगे।

'ये क्या अजीब-सा सामान है?' ज़ोया ने एक तरफ़ बेतरतीब ढंग से पड़ी कुछ चीज़ों के ढेर की ओर इशारा किया।

वह उनके क़रीब चली गयी और बोली, 'मुझे लगता है कि यूनानी कुछ चीज़ें यहीं छोड़ गये हैं। ठहरो! यक़ीनन यह घोड़ों के लिए तो नहीं है, है न? ये देखने में तो घोड़े की लगाम जैसी है, लेकिन इतनी बड़ी है कि एक हाथी जितने बड़े घोड़े के लगायी जा सकती है!'

नूर, जो अब ज़ोया के बगल में आकर खड़ी हो गयी थी, हैरानी के साथ बोली, 'और ये देखो! ये तीर-कमान और भाले ऐसे लगते हैं जैसे ये इंसानों के इस्तेमाल के लिए नहीं, बल्कि बहुत बड़े शरीर वाले दैत्यों के लिए बनाये गये हों!' उसने एक भाला उठाने की कोशिश की, लेकिन बहुत ज़्यादा भारी होने की वजह से बमुश्किल इंच भर भी नहीं उठा पायी और लड़खड़ाकर उसे वहीं गिरा दिया।

चन्द्रगुप्त, नूर और ज़ोया वहाँ खड़े-खड़े, अजीब से बड़े-बड़े हथियारों और घुड़सवारी के साजो-सामान को हैरानी के साथ देखते रहे।

एक भारतीय सैनिक जो छावनी वाली जगह का चक्कर लगा रहा था, उनके पास आया और खिल्ली उड़ाने वाले अंदाज़ में हँसते हुए बोला- 'आपको भले ही

हैरानी हुई हो, लेकिन ख़ुद महान अलक्षेंद्र ने यह हुक्म दिया था कि इन बड़ी चीज़ों को पूरी छावनी में बिखरा हुआ छोड़ दिया जाये ताकि लोग आकर देखें तो सोचें कि यूनानी आम इंसानों से कहीं ज़्यादा बड़े, दैत्यों जैसे थे! हुँह! इसे कहते हैं शेखी बघारना!'

यह सुनकर चन्द्रगुप्त ने आँखों की पुतलियों को गोल-गोल घुमाया और धीरे से बुदबुदाया, 'अजी! मैं तो पहले ही कहता था कि मक्कार हैं ये!'

सैकड़ों बार अपना फ़ोन देख-देख कर ज़ोया बुरी तरह खीझ चुकी थी। क्या उन सभी को सारी ज़िन्दगी यहीं सड़ना पड़ेगा? उसने दुखी होकर सोचा। तभी अचानक उसने देखा कि फ़ोन की स्क्रीन पर बदलाव हुआ है। उस पर लिख गया था: 'ऑलटर। आर्टेमिस। स्टार। गो होम।'

उसने ऊपर देखा, और वहाँ बनी मचान जैसी हर ऊँची वेदी पर किसी न किसी यूनानी देवता की निशानी दिखाई दे रही थी। ज़ीउस को आकाशीय बिजली के निशान से दिखाया गया था, अपोलो को प्रचंड सूरज के जैसा और विदुषी एथेना को एक उल्लू के साथ दिखाया गया था। जल्द ही, ज़ोया को शिकार की देवी आर्टेमिस को समर्पित वेदी नज़र आ गयी। उनके प्रतीक, तीर-कमान और चंद्रमा वेदी पर बने हुए थे। और चंद्रमा के ठीक बगल में एक बड़ा-सा पाँच किरणों वाला सितारा था।

'अरे, नूर... यही तो है!' उसने हड़बड़ा कर कहा। 'इससे पहले कि कोई इसे खोल डाले और हम हमेशा के लिए यहीं फँसे रह जाएँ, चलो, जल्दी से सब को साथ लेकर यहाँ से निकल चलें!' उसने नूर से यह बात अंग्रेज़ी में फुसफुसा कर कही ताकि चन्द्रगुप्त न समझ सके।

वे झटपट वापस रोहन और अंश की ओर चल पड़े, जो बेचैनी की वजह से पल भर को शाँत नहीं खड़े हो पा रहे थे।

ज़ोया ने उन्हें इस तरह देखा जैसे वह कुछ ख़ास बात बताना चाहती हो। फिर चन्द्रगुप्त की ओर घूम कर बोली, 'एक बार फिर तुमने हमें बचा लिया, और हम बहुत शुक्रगुज़ार हैं। लेकिन अब हमें तुमसे विदा लेनी होगी, क्योंकि हमने तब तक के लिए दक्षिण भारत लौटने का फैसला किया है, जब तक यहाँ के हालात कुछ और नहीं सुधर जाते।'

‘ओह,’ चन्द्रगुप्त ने मायूस होकर कहा, ‘मेरे साथियों, शूरवीरों! वास्तव में मैं तो यही चाहता हूँ कि तुम लोग तक्षशिला में ही रहो।’

एल्फू ने अपनी सूँड से चन्द्रगुप्त को एक प्यार भरी थपकी दी।

‘हम जब-जब तुम्हें याद करेंगे, तब-तब तुम्हें अपने पास महसूस करेंगे, चंदू,’ नूर ने कहा। वह भी उतनी ही उदास दिख रही थी।

जैसे ही बच्चों ने अलविदा कहते हुए हाथ हिलाये, चन्द्रगुप्त मुड़ा और

तक्षशिला लौट रहे राजा पुरु के सैनिकों के साथ हो लिया।

जैसे ही वह नज़रों से ओझल हुआ, ज़ोया बोली, ‘जल्दी करो, जल्दी करो! गँवाने के लिए बिल्कुल भी समय नहीं है! हमें आर्टेमिस की वेदी पर वापस जाना होगा।’

जैसे ही वे वेदी के पास पहुँचे और अपने फ़ोन निकाले, उन्होंने राहत की साँस ली। बस पहुँच ही गये!

बस कुछ पल और, अंश ने सोचा।

फिर, न जाने कहाँ से, एक तेज़, गुस्से से भरी आवाज़ सुनाई दी। उसने यूनानी में गरज कर पूछा, ‘अरे, ये तुम लोग इस हाथी के साथ क्या कर रहे हो?’

उनके दिल ज़ोर-ज़ोर से धड़कने लगे थे। लेकिन चारों ने एक साथ सितारे का निशान छुआ।

इस बार, रोहन ने ऐप पर बटन दबाने के साथ ही एल्फू की सूँड को बेहद मज़बूती से जकड़ लिया था।

जैसे ही धमकी भरी आवाज़ लगाने वाला उनकी और बढ़ा, हवा तेज़ हो गयी और पहले की तरह बिजलियाँ-सी कौंधने लगीं। हालाँकि चक्कर खाने के साथ वे एक ओर इतना झुक गये कि उन्हें लगा जैसे गिर पड़ेंगे, लेकिन उन्हें पता था कि अब सब कुछ ठीक होने वाला है।

•••••••••••••••

बच्चों ने अपनी आँखों को तब तक बंद रखा जब तक कि उन्होंने यह नहीं महसूस कर लिया कि उनके आसपास हवा ठहर कर शाँत हो गयी है। वे गोवा की उसी सीलन और बदबू भरी गुफ़ा में लौट आये थे, और उनके लिए इससे ज़्यादा ख़ुशी की बात कुछ और नहीं हो सकती थी!

चारों बच्चे लड़खड़ाते हुए गुफ़ा के मुहाने तक पहुँचे और थके-मांदे पैर घसीटते वापस झरने तक आये। जैसे ही उन्होंने जाने-पहचाने तालाब को देखा, वे जहाँ खड़े थे, वे निढाल होकर वहीं पसर गये।

'मेरे तो होश ही उड़ गये थे!' नूर ने ज़ोर से कहा।

ज़ोया बार-बार ख़ुद को चुटकी काट रही थी। 'हम चन्द्रगुप्त मौर्य से मिले, **चुटकी** सिकंदर महान से मिले, **चुटकी** और चाणक्य से मिले, **चुटकी** और चरक **चुटकी** - उई... मैंने खुद को ही कुछ ज़्यादा ज़ोर से चुटकी काट ली,' वह बिलबिला उठी।

'ख़ैर, अपनी जगह और अपने समय में वापस लौटने पर मैं बेहद ख़ुश हूँ- अब फिर से अपने बाथरूम में जाने का मैं और इंतज़ार नहीं कर सकता,' अंश ने कहा और काँप उठा।

रोहन ने शरारत भरी मुस्कान के साथ उसकी ओर देखते हुए कहा - 'तुम जानते हो कि तुमने ख़ूब मज़ा लिया- इसलिए नाटक मत करो!' वह दूसरों की ओर घूम कर बोला- 'लेकिन सच बताओ, ये कैसा ऐप है? और यह एल्फ़ू से कैसे जुड़ा है? हमारे सामने एक बड़ा रहस्य है जिसे सुलझाना बाक़ी है!'

अंश उछल कर खड़ा हो गया! 'फिर कभी! अभी चलो, अभी चलो, अभी चलो! अभी तो सीधे घर चलो!' बच्चे धीरे-धीरे रास्ता तय करके वापस लौट चले,

और जो कुछ भी उन्होंने अनुभव किया था, उसे सोच-सोच कर खुश और हैरान होते रहे।

जैसे ही कर्मचारियों के घर दिखाई देने लगे, चटक रंगों वाले छींट के कपड़े पहने खोयी-खोयी सी मुस्कान वाली एक दुबली-पतली महिला सामने आयी। अंश दौड़कर उसके पास गया और उससे ज़ोर से लिपटते हुए बोला, 'माँ!'

वह उन्हें देखकर मुस्कुरा दी। 'मेरी नन्ही-नन्ही गुलाब की पंखुड़ियों! तुम सब इतनी जल्दी वापस आ गये... अंशु-पंशु, तुमने मुझे याद किया था न!' वह खुशी से मुस्कुराते हुए बोली। 'सिर्फ़ तीन घंटे में लौट आये?' उसने यह देखने के लिए उसके माथे को हाथ लगाया कि कहीं उसे बुखार तो नहीं है। 'क्या तुम सभी ने पिकनिक का मज़ा लिया?'

'हाँ, प्रिया आँटी,' ज़ोया और नूर ने एक स्वर में कहा।

'कितनी बार मैंने तुम लड़कियों से कहा है कि मुझे निर्वाना कहा करो? नहीं चाहिए ये "आँटी आँटी" की बेकार-सी रटन। इस ब्रह्मांड में हम सभी की आत्माएँ एक बराबर हैं...' वह कहीं से कहीं पहुँच गयी थीं। 'ओह, मुझे अब जाना चाहिए। आज शाम को पहली बार हो रही अपनी वेव योगा की क्लास की तैयारी जो करनी है।

'काहे की तैयारी?' रोहन ने सकपका कर पूछा।

'ओह-हो... तुम नये लड़के होगे। स्वागत है! मैं समुद्र के किनारे करने के लिए एक नये किस्म का योग तैयार कर रही हूँ, जिसमें शरीर की मुद्राओं का लहरों के साथ पूरी तरह तालमेल होना ज़रूरी है। अगर ऐसा नहीं करते, तो लहरों की चपेट में आकर बह जाओगे! यह अनुशासन में रहना सीखने के लिए एक बढ़िया तरीका है। मुझे तो यही समझ में आया है। नज़रों को कहीं दूर ले जाकर वह हौले से मुस्कुरा दी।

रोहन ने दूसरों को सवालिया निगाहों से देखा, जिस पर उन्होंने कंधे उचका कर पल्ला झाड़ लिया। यह थीं प्रिया आँटी, माफ़ कीजियेगा- अपनी निर्वाना!

बच्चे अपने-अपने कॉटेज की ओर चले गये। वे शुक्रगुज़ार थे कि वे वापस लौट सके। अपने रोंगटे खड़े कर देने वाले अनुभव के बारे में सोच-सोच कर वह 'उफ़!' वाले अंदाज़ में अपना सिर हिलाते रहे।

जैसे ही ज़ोया ने अपना बैग खोला, उसने रहस्यमयी मुस्कान के साथ उसमें से कुछ निकाला।

उसके बिस्तर पर पेड़ की छाल से बने पतले चौकोर पन्नों का एक पुलिंदा पड़ा था, जो ठीक बीच से बंधा हुआ था। अजीब-सी दिखने वाली लिखावट से पन्ने भरे हुए थे। ज़ोया ने झटपट गूगल की मदद से यह खोज निकाला कि मौर्य काल में कौन-सी लिपि इस्तेमाल की जाती थी।

जब खोज के नतीजे सामने आये, तो पता चला कि वह शुरुआती दौर की ब्राह्मी लिपि थी।

उसने बड़ी मेहनत से हरेक टेढ़े-मेढ़े अक्षर के आगे उसका सबसे करीबी अंग्रेज़ी अक्षर लिख दिया।

जब उसका यह काम पूरा हो गया, तो ज़ोया ने अपने कागज़ के टुकड़े पर लिखे अक्षरों को मिला कर ज़ोर से पढ़ा: 'कौटिल्य कृत अर्थशास्त्र।'

ज़ोया कुछ देर तक पांडुलिपि को एकटक देखती रही- चाणक्य के अर्थशास्त्र की मूल प्रति! उसने अपना सिर हिलाया। उसे विश्वास ही नहीं हो रहा था। फिर उसने उसे अपनी अलमारी की निचली दराज़ में छिपा दिया।

आपको पहले से अंदाज़ा भी नहीं होता कि कोई दिन आपको क्या-क्या अनुभव देकर जायेगा। और, क्या फिर कभी वैसा ही कोई दूसरा दिन आयेगा?

कुछ कल्पना-कुछ सच

सच, सच होता है और कहानी बातों को दिलचस्प बनाकर पेश करती है!

- ✪ जैसाकि कहानी में बताया गया है, सिकंदर ने झेलम नदी के किनारे अलेक्जेंड्रिया बुसेफेलिया नाम का शहर बसाया था। अब इसे जलालपुर शरीफ़ कहा जाता है, जो पाकिस्तान में है। हालांकि यह तक्षशिला से लगभग 220 किलोमीटर दूर है, लेकिन हमने कहानी के हिसाब से इस दूरी को एक दिन में तय करने लायक बताया है।
- ✪ अरस्तू का भतीजा कैलस्थनीज, सिकंदर की विजय यात्रा में उसके साथ था। लेकिन सिकंदर के तक्षशिला पहुँचने से ठीक पहले उसके बार-बार बीच में बोलने के कारण उसे मौत की सज़ा दे दी गयी थी। हमने अपनी कहानी में उसे जिंदा रखा है।
- ✪ ऐसा माना जाता है कि चरक तक्षशिला में रहते थे। लेकिन उनके दौर का सही-सही पता नहीं है। ऐसा माना जाता है कि वह ईसा पूर्व पाँचवीं और तीसरी शताब्दी के बीच कभी वहाँ रहे होंगे।
- ✪ हमें नहीं पता कि अरस्तू को कोई किताब भेजी गई थी और न ही यह कि कौटिल्य का अर्थशास्त्र तब तक लिखा जा चुका था या नहीं।
- ✪ कहानी में दी गयी यह कहावत कहाँ और कब चलन में आयी, यह साफ़ नहीं है: 'किताब में दर्ज ज्ञान, और किसी को उधार दिया गया धन ज़रूरत पड़ने पर कभी काम नहीं आता'।
- ✪ कहानी में चाणक्य के जानबूझकर अफ़वाह फैलाने की बात भी हमारी कल्पना का हिस्सा है। लेकिन कुछ रोमन लेखकों ने भी इस बात का ज़िक्र किया है कि भारतीयों ने यूनानियों का मनोबल तोड़ने के लिए जंग के मैदान के पूर्व की ओर वाले मगध जैसे राज्यों की सेनाओं की ताक़त को बढ़ा-चढ़ाकर बताया गया होगा।
- ✪ कहानी में शाही सवारी का ब्यौरा अलेक्जेंडर के सिपहसालारों में से एक, निआर्कस के कहे पर आधारित है, लेकिन पक्षियों के सुर में सुर मिला कर चहचहाने वाली बात हमारी अपनी कल्पना है।

फैक्ट ट्रैकर

यूनानियों और मौर्यों के बारे में और कुछ बातें

लगभग 550 ईसा पूर्व, बौद्ध काल में भारत में सोलह महाजनपद या राज्य थे जो भारतीय प्रायद्वीप के उत्तर-पश्चिमी इलाके से लेकर आज के आंध्र प्रदेश और तेलंगाना में गोदावरी नदी तक फैले हुए थे। इन महाजनपदों में से ज़्यादातर पर शक्तिशाली राजा राज करते थे, लेकिन कुछ में गणतंत्र जैसी व्यवस्था भी थी।

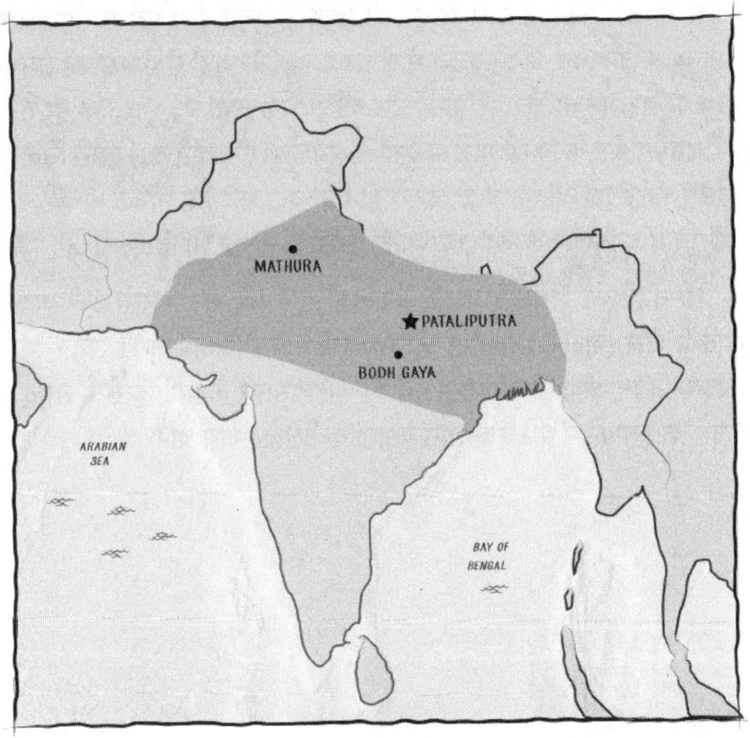

नंद साम्राज्य

धीरे-धीरे इनमें से कई को मगध साम्राज्य ने जीत लिया, जिस पर सिकंदर के भारत पहुँचने के समय नंद वंश (लगभग 364 से 324 ईसा पूर्व) का शासन था। नंद राजाओं ने भारतीय उपमहाद्वीप के एक बड़े हिस्से पर राज किया। सिकंदर के समय नंदवंशीय राजा धनानंद का राज था। उसे एक ऐसे क्रूर शासक के रूप में जाना जाता था जिससे ज़्यादातर लोग डरते थे और नफ़रत करते थे। रोमन लेखक प्लूटार्क के अनुसार उसकी शक्तिशाली सेना में 200,000 पैदल सैनिक, 80,000 घुड़सवार, 8,000 रथ और 6,000 हाथी थे जिन्हें कवच पहना कर लड़ाई के मैदान में उतारा जाता था! यूनानियों ने इन्हें प्रेसी (प्राच्य या 'पूर्वी' से बना) या गंगारिडे (गंगा नदी के इलाके से) कहा है।

भारत का उत्तर-पश्चिमी इलाका (जो अब पाकिस्तान है), जहाँ सिकंदर सबसे पहले पहुँचा था, वहाँ कई छोटे-छोटे राज्य थे। सिंधु नदी से पश्चिम के इलाके-गांधार, कम्बोज और सिंध- को छठी शताब्दी ईसा पूर्व में ही फ़ारसी साम्राज्य ने जीत कर अपने कब्जे में ले लिया था और यहाँ से फ़ारस को समय-समय पर नज़राने के तौर पर सोना और फ़ौजी भेजे जाते थे। भारत के हर तरह से दौलतमंद होने के किस्से पश्चिमी देशों में खूब कहे-सुने जाते थे, जिससे सिकंदर के लिए भारत को जीतना बहुत ज़रूरी हो गया था। भारतीय सैनिक पाँचवीं सदी ईसा पूर्व में यूनान पर हमला करने वाली फ़ारसी सेना का भी हिस्सा थे।

भारतीयों का प्राचीन समय में यूनानियों से संपर्क था। फ़ारसी उन्हें 'यवन' कहते थे और इसीलिए भारतीय भी उन्हें इसी नाम से जानने लगे। 'यवन' शब्द 'आइओनियन' शब्द से गढ़ा गया था, जो भूमध्यसागर के पूर्वी हिस्से में समुद्र के किनारे के इलाकों में बसे एक ख़ास यूनानी कबीले का नाम था।

मकदूनिया का राजा: सिकंदर

अलेक्जेंडर या सिकंदर (356-323 ईसा पूर्व) को फ़ौजों की अगवाई करने वाले दुनिया के सबसे अहम लोगों में से एक माना जाता है, और उसे जंग के मैदान में कभी न हारने वाले के तौर पर जाना जाता है। मैसेडॉन यानी मकदूनिया जैसे छोटे से राज्य के इस नौजवान बादशाह ने बीस साल की उम्र में सिंहासन पर बैठने के बाद, कुछ ही साल के अंदर कई छोटे-छोटे राज्यों को मिलाकर यूनान की एक राष्ट्र के रूप में स्थापना की। इसके बाद, अपनी वफ़ादार सेना के बलबूते पर उसने बहुत बड़े और ताक़तवर फ़ारसी साम्राज्य की ओर कूच किया और सिर्फ़ दस साल में उस पर कब्ज़ा कर लिया। उसने जल्द ही फ़ारस के सम्राट की शान-ओ-शौकत के तौर-तरीकों को अपना लिया। ऊंच-नीच का भेदभाव न मानने वाले यूनानी समाज के तौर-तरीकों को दरकिनार कर उसने ख़ुद को 'शहंशाह' यानी 'राजाओं का राजा' कहलवाने पर ज़ोर देना शुरू कर दिया। इतना ही नहीं, उसने ख़ुद को भगवान कहना शुरू कर दिया और इस बात पर ज़ोर देने लगा कि लोग उसके आगे सज़दा करें।

मकदूनियाई चक्रव्यूह

सिकंदर की सेना के लड़ाके एक-दूसरे के बहुत क़रीब रहते हुए एक ख़ास तरह का चक्रव्यूह बनाकर लड़ने के लिए प्रशिक्षित किये जाते थे। इसमें हरेक सैनिक के पास क़रीब 15 से 20 फीट लंबा एक भाला होता था, जिसे सरिसा कहा जाता था। इसकी शुरुआत सिकंदर के पिता राजा फ़िलिप ने की थी। इस तरह व्यूह बनाकर लड़ने वालों को हराना बहुत मुश्किल होता था, और सिकंदर की सेना को वास्तव में ऐसी रणनीतियों की वजह से ही जीत पर जीत मिलती गयी।

सिकंदर और ब्यूसेफेलस: इसुस मोसैक का युद्ध

मददगार शशिगुप्त

तो, 327 ईसा पूर्व में, तीस साल की उम्र में, सिकंदर अपने लाव-लश्कर के साथ भारत की सरहद पर पहुँचा। उसके साथ सिसिकॉटस (शायद शशिगुप्त) नाम का, एक भाड़े के सिपाहियों का सरदार भी था, जो सिकंदर की फ़ौज से हारने से पहले बैक्ट्रिया के फ़ारसी सूबेदार की सेवा में था। सिसिकॉटस सिकंदर से जुड़ गया और बाद में उसकी सेवाओं के लिए उसे पहाड़ के शहर एओर्नोस का सूबेदार बना दिया गया।

सिकंदर ने फ़ारसी शासकों की ओर से गांधार इलाके में काम कर रहे सभी सरदारों को बिना किसी टकराव के अपने झंडे के नीचे आने के लिये कहा। तक्षशिला के शासक आम्भी ने उसकी बात मान ली, लेकिन अश्वक और अश्वकायन (वर्तमान उत्तर-पूर्वी अफगानिस्तान में) जैसी कुछ पहाड़ी जनजातियों ने उसके आगे झुकने से इनकार कर दिया। लेकिन सिकंदर की फ़ौज ने इन जनजातियों को लड़ाई में हरा दिया। जल्द ही, फ़ारसी राजशाही के परचम तले आने वाले इलाके के सभी भारतीय राज्य सिकंदर के कब्ज़े में आ गये।

लेकिन इतने से सिकंदर का मन नहीं भरा था। उसकी महत्वाकांक्षाओं का कोई ओर-छोर नहीं था और वह पूरब की ओर अपनी विजय यात्रा जारी रखना चाहता था।

◀◀ पुरु : एक जांबाज प्रतिद्वंद्वी ▶▶

सिकंदर को अब एक और ख़ुदमुख़्तार राजा पुरु (पोरस) का सामना करना पड़ा, जिसने पौरवों की धरती पर शासन किया, जो झेलम (हाइडस्पेस) और चिनाब नदियों के बीच पड़ने वाले पंजाब के उस हिस्से में था जो अब पाकिस्तान में है। पुरु एक ताक़तवर और बहादुर राजा था, जिसने हर हमले का डटकर मुक़ाबला किया, लेकिन यूनानी दस्तावेज़ यह बताते हैं कि सिकंदर की सेना उसकी सेना पर भारी पड़ी। प्राचीन यूनानी इतिहासकार प्लूटार्क ने पुरु को छह फीट नौ इंच लंबे क़द वाला एक विशालकाय इंसान बताया है।

प्लूटार्क के मुताबिक हाथी पर बैठने पर बड़े से शरीर वाला पुरु ऐसा लगता था, जैसे कोई घुड़सवार अपने घोड़े पर बैठा हो! जिस बात के लिए पुरु को सबसे ज़्यादा जाना जाता है वह थी उनकी यह माँग कि भले ही वह उसकी गिरफ्त में हो, लेकिन सिकंदर उसके साथ वैसा ही सुलूक करे जैसा एक राजा को दूसरे राजा के साथ करना चाहिए। लड़ाई के मैदान में पुरु की बहादुरी, उसके शाही व्यक्तित्व और उसकी हिम्मत का सिकंदर पर इतना असर हुआ कि उसने पुरु को अपने नाम पर राजकाज करने के लिए राजा के तौर पर बहाल कर दिया, और यहाँ तक कि आसपास के कुछ इलाकों को जीतनें में भी उसकी मदद की।

◀◀ जहाँ देखो वहाँ अलेक्ज़ेंड्रिया! ▶▶

सिकंदर का पसंदीदा घोड़ा, बुसेफ़ैलस, जो तेरह साल की उम्र में उसके पिता से उसे तोहफ़े में मिला था, झेलम के किनारे पुरु के साथ जंग के दौरान मारा गया। यह घोड़ा उसे बहुत प्यारा था, लेकिन सिकंदर को शायद सबसे ज़्यादा प्यार ख़ुद से ही था, क्योंकि जीते हुए शहरों के नाम अपने नाम पर रखने और अपने नाम पर नये शहर बसाने का जैसे उसे जुनून था। कभी-कभार वह अपनी सेवा में जान देने वाले पसंदीदा पालतू जानवरों का भी ध्यान रख लेता था। दरअसल, भारत में कहीं एक बहुत पुराना शहर है, जिसका नाम सिकंदर के पालतू कुत्ते पेरितास के नाम पर रखा गया था, जिसने आज के मुल्तान शहर की घेराबंदी के दौरान सिकंदर की जान बचायी थी।

सिकंदर के साम्राज्य में सत्तर अलग-अलग अलेक्ज़ेंड्रिया थे, जिनमें से सबसे मशहूर मिस्र का अलेक्जेंड्रिया है, जिसका आज भी वही नाम बरकरार है। बहुत पुराने दौर में, यह शहर अपने फ़ारोस लाइटहाउस यानी प्रकाश स्तंभ और अपने विश्व-प्रसिद्ध पुस्तकालय के लिए जाना जाता था, जिसकी प्राचीन युग के सात

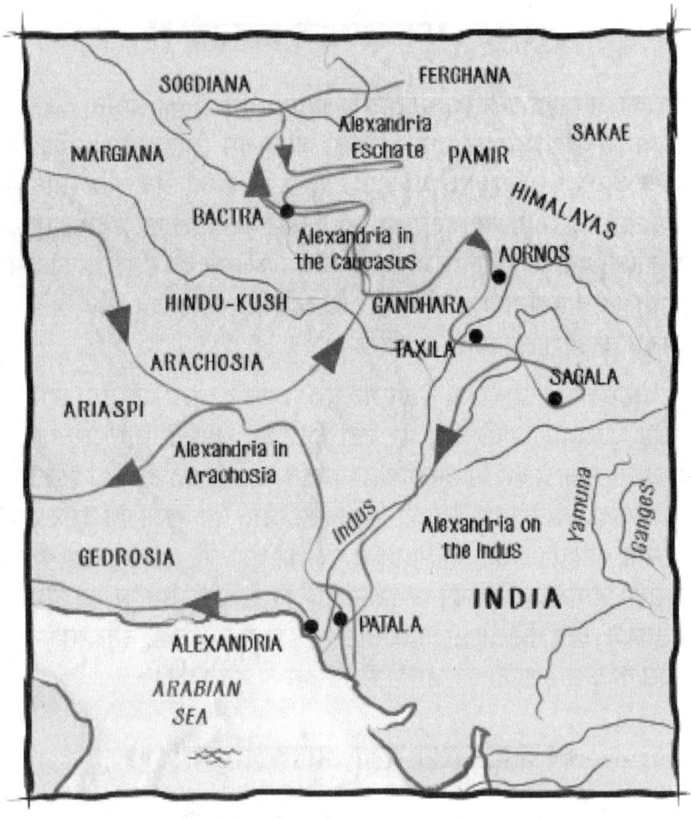

सिकंदर की विजय यात्राएँ और एलेकजेंड्रिया नाम की कुछ जगहें

अजूबों में गिनती होती थी। नौ और अलेक्जेंड्रिया दक्षिण एशिया के अफगानिस्तान और भारत में बसाये गये थे।

सिकंदर ने दक्षिण एशिया में जो नये शहर बसाये, उनमें इस इलाके के बाशिंदों के साथ-साथ हज़ारों की तादाद में यूनानियों और फ़ारसियों को भी बसाया था। कई शहर अब भी फल-फूल रहे हैं, लेकिन वक़्त के साथ उनके नाम में कुछ बदलाव आ गये हैं। इनमें से जो आज भी सबसे ज़्यादा मशहूर है, वह है अलेक्जेंड्रिया अराकोसिया, जिसे आज कंधार के नाम से जाना जाता है। अफ़गानिस्तान के इस शहर का यह नाम अलेक्ज़ेंड्रिया से ही बना है, जो पहले इस्कंदरिया बना और आगे चलकर कंधार बन गया!

◀◀ सिकंदर के लोगों का आगे बढ़ने से इनकार ▶▶

पुरु के साथ लड़ाई के बाद, सिकंदर अब पंजाब में अमृतसर के पास ब्यास नदी (यूनानियों ने इसे हाइफैसिस कहा) के किनारे पर था।

आम यूनानी लोगों का मानना था कि दुनिया चपटी है और भारत के आगे और ज़मीन नहीं है। जबकि सिकंदर पूरब की ओर आगे बढ़ना जारी रखना चाहता था क्योंकि वह वास्तव में दुनिया के दूसरे छोर को अपनी आँखों से देखना चाहता था!

हालांकि, इस बार उसका सामना कहीं ज़्यादा ताक़तवर दुश्मन से होने वाला था। ब्यास के पार नंदों का बहुत बड़ा इलाका शुरू होता था, जो बंगाल से पंजाब तक फैला हुआ था। सिकंदर की फ़ौज को पुरु पर काबू पाने में भी बड़ी मुश्किलों का सामना करना पड़ा था, जबकि उसका राज्य ताक़तवर नंद साम्राज्य से बहुत छोटा था।

जब सैनिकों ने सुना कि उन्हें पुरु की सेना से कई गुना बड़ी सेना का सामना करना पड़ेगा, तो उन्होंने आगे बढ़ने से साफ़ इनकार कर दिया। वे तन-मन से थक चुके थे, और अपने परिवार के साथ शांति से, घर पर, लड़ाईयों में लूटी गयी दौलत का मज़ा लेना चाहते थे। सिकंदर के पास उनके इस फ़ैसले को मानने के अलावा कोई चारा नहीं था। उसे वापस लौटना पड़ा, भले ही उसे लगता था कि दुनिया का छोर पूरब में बस कुछ ही किलोमीटर की दूरी पर होगा। ज़रा सोचिए कि अगर वह आगे बढ़ जाता और उसे एशिया के बाकी हिस्सों में ठोकरें खानी पड़तीं, तो उसे कितना झटका लगता!

◀◀ सिकंदर की वापसी ▶▶

सिकंदर ने भारत आने के लिए जो रास्ता चुना था, अपने वतन को लौटते समय उसने अलग रास्ता अपनाने का फैसला किया। अपनी सेना के एक हिस्से के साथ वह सिंधु नदी के किनारे-किनारे आगे बढ़ता गया और गेड्रोसिया (अब पाकिस्तान का ग्वादर) के ख़ुश्क रेगिस्तान में पहुँच गया, और यह रास्ता बाद में मौत की राह साबित हुआ। उसकी फ़ौज बेबीलॉन लौटते समय रास्ते में ही तबाह हो गयी। दो साल के अंदर, खुद सिकंदर भी बत्तीस वर्ष की जवान उम्र में बेबीलॉन (इराक) में बीमार होकर मर गया, और उसका इतना बड़ा साम्राज्य उसके सेनापतियों के बीच बँटकर बर्बाद हो गया। वे कई दशक तक एक-दूसरे से लड़ते रहे। आख़िरकार एशिया के बड़े हिस्से की बागडोर सिकंदर के सेनापति सेल्यूकस निकेटर के हाथ आयी।

यहाँ यह बात काफ़ी दिलचस्प है कि सिकंदर का भारत के एक हिस्से पर हमला करना उस दौर के यूनानियों के लिए दुनिया पर यूनान की जीत की निशानी के तौर पर बेहद अहमियत रखता था, लेकिन किसी भारतीय दस्तावेज़ में हमें सिकंदर या दुनिया को जीतने की उसकी ज़बरदस्त मुहिम का कोई ज़िक्र नहीं मिलता है। शायद उस समय के भारतीय लोगों के लिए वह सरहद पर होने वाली मामूली-सी झड़प रही होगी न कि कोई बड़ा फ़ौजी हमला।

◀◀ अरस्तू और कैलस्थनीज ▶▶

अरस्तू को इतिहास के सबसे ज़्यादा जाने-माने यूनानी दार्शनिकों में से एक माना जाता हैं। मैसेडॉन के राजा फ़िलिप ने उन्हें सिकंदर को पढ़ाने के लिए अपने यहाँ आने का न्योता दिया था।

अरस्तू ने कई अलग-अलग विषयों पर किताबें लिखीं। उनका भतीजा कैलस्थनीज दुनिया जीतने के लिए निकली सिकंदर की फ़ौज के साथ जाया करता था। हमें नहीं मालूम कि सिकंदर ने अरस्तू के पास कोई हाथी भेजा था या नहीं, लेकिन हो सकता है कि सिकंदर ने वास्तव में अरस्तू के पास हाथी भेजा हो, क्योंकि उन्होंने हाथी के बारे में जितनी अच्छी तरह बयान किया है उससे ऐसा लगता है कि उन्होंने सचमुच हाथी देखा होगा। सिकंदर ने कई दार्शनिकों को संरक्षण दिया था, और हम जानते हैं कि कैलस्थनीज ने बेबीलॉन से अरस्तू को तरह-तरह की ढ़ेर सारी जानकारी मुहैया करायी थी।

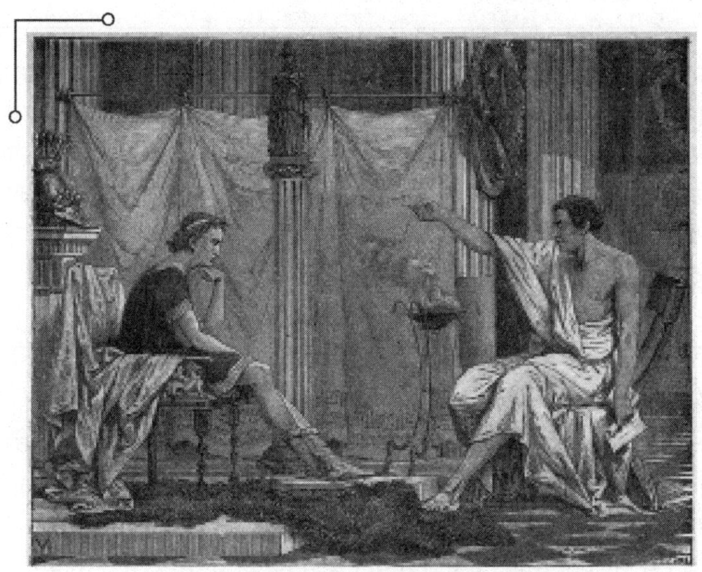

युवा सिकंदर (बाएँ) और उसका शिक्षक अरस्तू

चन्द्रगुप्त मौर्य का उदय

चन्द्रगुप्त मौर्य (शासनकाल: 321-298 ईसा पूर्व) ने मौर्य साम्राज्य की स्थापना की, जो सारी भारत भूमि पर फैला पहला साम्राज्य था। यह भारत का अब तक का सबसे बड़ा साम्राज्य था, जिसका इलाका अंग्रेज़ी हुकूमत से भी ज़्यादा था, क्योंकि इसमें आज के अफ़गानिस्तान और मध्य एशिया के कुछ हिस्से भी शामिल थे। चन्द्रगुप्त तक्षशिला में आचार्य चाणक्य का एक शिष्य था, और जिंदगी भर वही उसके गुरु और मार्गदर्शक रहे। 321 ईसा पूर्व में, सिकंदर के भारत छोड़ने के ठीक पाँच साल बाद, चन्द्रगुप्त ने नंद राजाओं को हरा दिया और उसे मौर्य साम्राज्य के सम्राट का ताज पहनाया गया। चन्द्रगुप्त के बारे में ज़्यादा कुछ पता नहीं चल पाया है, वह कहाँ से आया और कौन था, इस बारे में काफ़ी बातें आज भी रहस्य ही बनी हुई हैं। उसके बारे में हम जो कुछ भी जानते हैं वह बौद्ध और जैन कथाओं से पता चला है। कुछ यूनानी ग्रंथों में भी उसका ज़िक्र किया गया है, जिसमें उसे 'सैंड्रोकोटस' कहा गया है और यह बताया गया है कि तक्षशिला में यूनानी छावनी में उसका आना-जाना था।

हो न हो, वह किसी योद्धा समुदाय से था, शायद मौर्य क्षत्रिय वंश से, हालांकि कुछ लोगों का मानना है कि वह एक ग़रीब परिवार से था, और एक शिकारी के पास काम सीखने के साथ-साथ शिकार में उसका हाथ बँटाता था। कहा जाता है कि चन्द्रगुप्त जानवरों की बात समझ लेता था और जानवर भी उसकी बात मानते थे। रोमन लेखक जस्टिन ने चन्द्रगुप्त के बारे में ऐसी कहानियाँ कही हैं जिन पर विश्वास करना कठिन लगता है, लेकिन उनसे साबित होता है कि चन्द्रगुप्त का ज़रूर जानवरों से जुड़ाव रहा होगा। ऐसी एक कहानी के मुताबिक, एक बार एक जंगली हाथी आया और झुक कर उसे प्रणाम करने के बाद उसे लड़ाई के मैदान में ले जाने की पेशकश की। एक दूसरी जगह बताया गया है कि एक बार एक जंगली शेर ने आकर उसे उस समय चाटा जब वह सो रहा था!

जब चन्द्रगुप्त एक छोटे से गांव में शिकारी के साथ काम कर रहा था, बताया जाता है कि तभी उसकी मुलाकात राजनीति विज्ञान के एक विद्वान आचार्य से हुई, जो एक ब्राह्मण थे और उनका नाम चाणक्य था। चाणक्य का नंद राजा के दरबार में भारी अपमान किया गया था। चाणक्य को चन्द्रगुप्त में आगे कुछ बहुत अच्छा करने की उम्मीद नज़र आयी, और उन्होंने उसे अपने साथ रख लिया और तक्षशिला ले गये। उन दोनों के मन में एक ही इच्छा थी- चन्द्रगुप्त की पढ़ाई पूरी होने के बाद नंद वंश को उखाड़ फेंकना।

◀◀ चन्द्रगुप्त बनाम नंद ▶▶

सबसे पहले, चन्द्रगुप्त और चाणक्य ने मिलकर पाटलीपुत्र (अब पटना) में राजा धनानंद की जड़ें हिलाने की कोशिश की। लेकिन उनकी इस कोशिश को नाकाम कर दिया गया और उन्हें अपनी जान बचाकर भागना पड़ा। वे तक्षशिला वापस चले गये और धनानंद के लोगों से बचते-बचाते अपने अगले क़दम की तैयारी करते रहे। आख़िरकार उन्होंने सबसे पहले नंद साम्राज्य के बाहरी इलाकों को जीतने का फैसला किया।

उन्होंने नंद साम्राज्य के केंद्र से दूर के इलाके में राज करने वाले राजा पर्वतक के साथ एक सैन्य गठबंधन किया। दोनों ने मिलकर पंजाब के इलाके को अपने क़ब्ज़े में ले लिया। चन्द्रगुप्त ने धीरे-धीरे पूर्व की ओर बढ़ना शुरू किया। वह एक के बाद एक इलाकों को तब तक जीतते हुए आगे बढ़ता गया जब तक उसने आख़िर में नंद राजा को नहीं हरा दिया।

आख़िरी लड़ाई बहुत भयंकर थी। एक महत्वपूर्ण बौद्ध ग्रंथ, मिलिंदपन्ह, में इस लड़ाई में हुए नुकसान के आंकड़े (शायद बढ़ा-चढ़ाकर) दिये गये हैं जो बेतुके लगते हैं। इसमें दावा किया गया है कि इस जंग में 1,00,00,000 सैनिक मारे गये, 10,000 हाथी हताहत हुए, और 100,000 घोड़े लड़ाई के मैदान में ढेर हो गये। कुल मिलाकर इस सब से भी ज़्यादा नुकसान की बात की गयी है।

एक कहानी यह भी सुनने को मिलती है कि पर्वतक के बेटे मलयकेतु, जिसके साथ चन्द्रगुप्त को सिंहासन साझा करना था, उसे बड़ी आसानी से रास्ते से हटा दिया गया। हुआ यूँ कि जीत की खुशी में निकाला गया जुलूस जब एक विजय द्वार के नीचे से गुज़र रहा था, तभी वह ढह गया और उसके नीचे कुचलकर मलयकेतु की मौत हो गयी थी। इसके बाद ही साज़िश की बात लोगों में फैल गयी।

चन्द्रगुप्त अब एक बहुत बड़े साम्राज्य का शासक था। उसके साम्राज्य की रीढ़ उसकी सेना थी। यूनानी सूत्रों से हमें पता चलता है कि उस समय मौर्यों के पास दुनिया की सबसे बड़ी सेना रही होगी, क्योंकि उसमें 600,000 पैदल सैनिक, 30,000 घुड़सवार, 9,000 जंगी हाथी और 8,000 रथ थे।

◀◀ चन्द्रगुप्त बनाम सेल्यूकस ▶▶

मौर्य साम्राज्य की पश्चिमी सीमाएँ सेल्यूकस निकेटर के साम्राज्य से मिलती थीं। सेल्यूकस सिकंदर के सेनापतियों में से एक था जिसने अपने राजा की मौत के बाद उसके जीते हुए एशियाई इलाके पर कब्ज़ा कर लिया था। सेल्यूकस ने सिकंदर से भी ज़्यादा बड़े साम्राज्य का सपना देखा और चन्द्रगुप्त के इलाकों पर हमले करने की लगातार कोशिश करता रहा, जिसमें वे हिस्से भी शामिल थे जो पहले यूनानियों के कब्ज़े में रह चुके थे।

305 ईसा पूर्व में, चन्द्रगुप्त ने सेल्यूकस को हरा दिया था और उसे अपनी इज़्ज़त को ताक पर रख कर ऐसा समझौता करना पड़ा था, जिसके तहत उसे आज के अफगानिस्तान और मध्य एशिया के कुछ हिस्सों से हाथ धोना पड़ा था, और ऐसा माना जाता है कि उसने अपनी बेटी की शादी भी चन्द्रगुप्त के साथ कर दी थी। इन सबके बदले में उसे 500 हाथी दिये गये! हालांकि सेल्यूकस ने इन हाथियों का भरपूर फ़ायदा उठाया। मुश्किल से मिलने वाले कीमती हाथियों का उसने अपने राज्य के दूसरे छोर पर (जो अब सीरिया है), पड़ोसी देश के राजा ऐंटीगोनस के साथ जंग में बेहतर तरीके से इस्तेमाल करके बड़ी होशियारी दिखायी।

जैन सूत्रों का कहना है कि चन्द्रगुप्त जैन संत भद्रबाहु का शिष्य बन गया था, और उसने सन्यास ले लिया था। वह 297 ईसा पूर्व में उन्हीं के साथ आज के कर्नाटक वाले इलाके में चला गया था। कहा जाता है कि वहीं श्रवणबेलगोला के चन्द्रगिरि पहाड़ की एक गुफ़ा में उसने खाना-पीना छोड़कर अपनी जान दे दी थी।

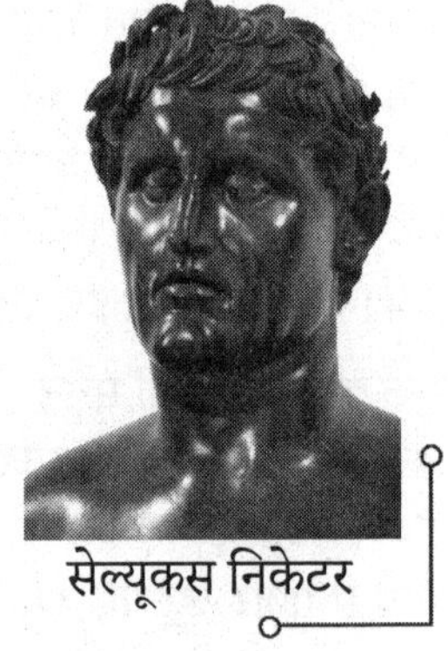
सेल्यूकस निकेटर

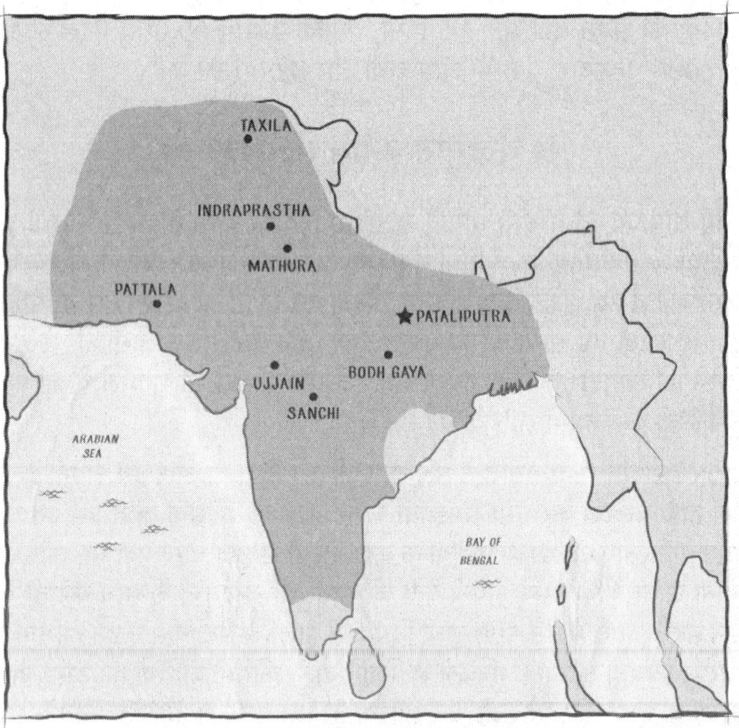

चन्द्रगुप्त का मौर्य साम्राज्य

रणनीति का जादूगर

चाणक्य ही उस रहस्यमयी और अनोखी ताकत का नाम था जिसकी बदौलत चन्द्रगुप्त राजसिंहासन के साथ शोहरत और ताकत की बुलंदियों तक पहुँचा। विष्णुगुप्त और कौटिल्य जैसे दूसरे नामों से भी पहचाने जाने वाले चाणक्य के बारे में यह बात साफ़ है कि वे मगध के रहने वाले थे। वह तक्षशिला में शासन व्यवस्था के एक जाने-माने आचार्य थे, लेकिन वहाँ से इसलिए मगध वापस लौट कर आए ताकि अपनी अक्लमंदी और खूबियों से नंद साम्राज्य की सेवा कर सकें। लेकिन, शक्ल सूरत से आकर्षक न होने के कारण नंद राजा के दरबार में उन्हें भारी अपमान और तिरस्कार सहना पड़ा था।

लेकिन चाणक्य बेहद स्वाभिमानी थे और उन्होंने वहीं भरे दरबार में अपनी शिखा खोल दी, और राजा के सामने क़सम खायी कि जब तक वह पूरे नंद वंश को ख़त्म नहीं कर देंगे, तब तक वे अपनी शिखा को बांधेंगे नहीं।

बाद में उनका चंद्रगुप्त से मिलना हुआ, जो उस समय उम्र में काफ़ी छोटा था। उन्होंने इस लड़के को गुमनामी के अंधेरे से बाहर निकाला और उसे इस तरह तैयार किया कि वह एक ऐसे विजेता के रूप में उभरा जिसका कोई मुक़ाबला नहीं। इस तरह उन्होंने जो लक्ष्य तय किया था, उसे दस से पंद्रह वर्षों के अंदर ही हासिल कर लिया।

◀◀ अर्थशास्त्र ▶▶

चाणक्य और उनकी प्रसिद्ध पुस्तक अर्थशास्त्र राजनीति विज्ञान के विद्वानों के लिए किसी पौराणिक ग्रंथ से कम नहीं है। पुराने समय की कई किताबों में इसका ज़िक्र किया गया है। लेकिन आधुनिक काल के भारतीयों के पास पढ़ने और समझने के लिए यह किताब तब तक मौजूद नहीं थी जब तक सन् 1905 में तमिलनाडु में तंजौर (अब तंजावुर) के पास रहने वाले एक पुजारी ने सरकारी पुस्तकालय के मुख्य पुस्तकालयाध्यक्ष के पास जाकर एक संस्कृत ग्रंथ की पाँडुलिपि को सौंपा नहीं था। पुजारी ने दावा किया कि यह किताब कई पीढ़ियों से उनके परिवार के पास है। जब खोजबीन की गयी तो पता चला कि यह अर्थशास्त्र की एक अकेली प्रति थी जो अब तक बची रही।

अर्थशास्त्र राजकाज से जुड़ी किताब है- राजा सत्ता कैसे हासिल कर सकते हैं, सत्ता पर कब्ज़ा कैसे बनाये रख सकते हैं, एक बार हाथ से जाने के बाद फिर सत्ता कैसे हासिल कर सकते हैं, और अपनी प्रजा के प्रति उनके क्या दायित्व हैं, यही सब इस किताब में बताया गया है। इसमें जिन बातों पर बहुत ज़ोर दिया गया है, वे हैं- हर समय चौकन्ने रहना, पहले से बहुत अच्छी तरह योजना बना कर काम करना, और हर चीज़ पर अपनी ज़बरदस्त पकड़ बनाये रखना।

हालांकि इस किताब में लेखक ने अपने लक्ष्य तक पहुँचने के लिए सही तरीक़े के साथ, अगर ज़रूरी हो, तो ऐसे तरीके अपनाने को भी सही ठहराया है जिन्हें समाज में अच्छा नहीं समझा जाता। ऐसे तरीके हैं- साम, दाम, दंड और भेद। यानी अगर कोई काम सही तरीके से न हो, तो ख़ुश करके, धन के दम पर, डरा कर और फूट डाल कर भी काम निकाला जा सकता है। लेकिन इस किताब में एक राजा के कर्तव्य और अधिकार को उसकी प्रजा की भलाई से बड़ी गहराई से जोड़कर बताया गया है। चाणक्य की नज़र में एक आदर्श राजा (और शासन व्यवस्था) सख़्ती से काम लेने वाला, समझदार, और हर बात का पता रखने के साथ-साथ अपनी संतान समान प्रजा के लिए करुणा से भरे पिता की तरह होता है। शांति और व्यवस्था बनाये रखने, कमज़ोर और असुरक्षित लोगों की देख-रेख करने, दोषियों को उचित दंड देने के अलावा यह देखना भी शासक की ही ज़िम्मेदारी है कि सत्ता पर उसकी पकड़ ढीली न पड़ जाये। इसमें आम लोगों के लिए भी बहुत काम की बातें हैं। अर्थशास्त्र में बताया गया है कि सच्चाई का रास्ता अपनाना, ईमानदारी बरतना, दूसरों को चोट न पहुँचाना, किसी का बुरा न सोचना, सबके लिए करुणा का भाव रखना और सहनशील होना ऐसी ज़िम्मेदारी हैं जो सभी को निभानी चाहिए। सत्ता हासिल करने के लिए अपने प्रतिद्वंद्वियों को कैसे चकमा दिया जाये, और इसके लिये जासूसों और ज़हर के इस्तेमाल से लेकर इनके बीच की हर चीज़ के बारे में 'अर्थशास्त्र' में पढ़ना दिलचस्प (और अक्सर मज़ेदार) लगता है।

◀◀ चाणक्य के विचार ▶▶

चाणक्य को उनकी सूक्तियों के लिए भी जाना जाता है, जिन्हें चाणक्य नीति के रूप में संकलित किया गया है। हमने इस किताब में उनमें से कुछ को इस्तेमाल किया है।

- ‘आपने अपने मन में जो योजना बनायी है उसे दूसरों के सामने न खुलने दें। उसे एक बीजमंत्र की तरह गुप्त रखते हुए, उस पर काम करते रहें।’
- ‘ध्यान से सुनने से ही मनुष्य धर्म के बारे में जान सकता है।ध्यान से सुनने से ही उसे बुरे विचारों से छुटकारा मिल सकता है। ध्यान से सुनकर ही वह ज्ञान हासिल कर सकता है। ध्यान से सुनने से ही उसे मोक्ष मिल सकता है।’ (यहाँ, ध्यान से सुनना और पढ़ना बराबर है)
- ‘हमें हर काम, चाहे वह छोटा हो या बड़ा, अपनी पूरी क्षमता से करना चाहिए। यह एक ऐसी बात है जो हम शेरों से सीख सकते हैं।’
- ‘बहुत ज़्यादा सीधे मत बनो। सीधे पेड़ पहले काटे जाते हैं, जबकि टेढ़े पेड़ बाद तक खड़े रहते हैं।’

यूनानियों ने क्या देखा?

जिस भारत में सिकंदर और उसके सैनिक अपने घोड़ों पर सवार होकर आये थे, उसका स्वरूप हमें आज नज़र आने वाले रूप से बहुत अलग रहा होगा। सिकंदर अपने साथ इतिहासकारों और लेखकों को भी लाया था, जिन्होंने यहाँ जो कुछ देखा उसे बारीकी से अपने दस्तावेज़ों में दर्ज किया। वापस लौटते समय सिकंदर ने अपनी सेना के एक हिस्से को अपने सेनापति निअर्कस के साथ भेजा, जो समुद्र के किनारे-किनारे ईरान की ओर चले गये। इंडिका नाम का निअर्कस का दस्तावेज़ किताब की शक्ल में नहीं बचा है, लेकिन बाद में लिखी गयी यूनानी किताबों में उसके हवाले से भारत के लोगों, नदियों, जानवरों, सेनाओं और रीति-रिवाज़ों के बारे में काफ़ी कुछ लिखा गया है।

◀◀ हरियाली का देश ▶▶

पुराने समय में भारत घने जंगलों से भरा हुआ था, बल्कि यूँ कहें कि पूरी भारत भूमि एक बहुत बड़ा जंगल थी! यूनानी लोगों ने हर तरफ़ फैली हरियाली की ख़ूब चर्चा की है।

बाद के एक रोमन इतिहासकार, क्विंटस कर्टियस रूफुस, ने 'द हिस्ट्रीज़ ऑफ़ अलेक्जेंडर द ग्रेट' नाम की अपनी किताब में भारत से लौटे यूनानियों के बयान दर्ज किये हैं। इनमें यूनानियों को ऐसा कहते हुए पाया जाता है कि झेलम नदी के पार लगभग सारे देश में जंगल ही जंगल फैले हुए थे, और उनमें बड़ी तादाद में बेहद ऊँचे शानदार पेड़ खड़े थे।

मौसम सुहावना रहता था, क्योंकि घनी छाँव गर्मी की मार को कम कर देती है, और कल-कल करके बहती पानी की धाराएँ धरती को पानी से सराबोर करके रखतीं थीं।

इन्हीं दस्तावेज़ों में ऐसे पेड़ों का भी ज़िक्र है जो सौ फीट तक ऊँचे थे और उनके तने की मोटाई बाहें फैला कर खड़े चार लोगों के घेरे जितनी होती थी। रावी नदी के पार की ज़मीन के बारे में यूनानियों ने कहा है कि, 'तटीय इलाके घने जंगलों से ढके हुए थे जिसमें जंगली मोरों की भरमार थी।' अगर हम आज इन इलाकों का दौरा करते हैं, तो हमें जो कुछ सबसे ज़्यादा देखने को मिलता है, वह है, दूर तक देखने की अंतिम सीमा तक, फैली सीधी-सपाट खेती की ज़मीन!

◀◀ असाधारण विश्वविद्यालय तक्षशिला ▶▶

फ़ारसी साम्राज्य में जो भारतीय क्षेत्र आता था, वह दो हिस्सों में बँटा हुआ था। ये दो हिस्से दो प्रांत थे, जो साम्राज्य के तेईस प्रांतों या क्षत्रपों में शामिल थे। इन दोनों में से एक था साम्राज्य का सातवाँ प्रांत जिसका नाम था गांधार। यह इलाका आज के उत्तरी पाकिस्तान और अफ़गानिस्तान (कम्बोज और गांधार) में आता है। दूसरा प्रांत, फ़ारसी साम्राज्य का बीसवाँ प्रांत था जिसे हिंदू कहा जाता था। इसमें आज के पाकिस्तान के पंजाब और सिंध का ज़्यादातर हिस्सा शामिल था।

तक्षशिला को समूचे एशिया में उच्च शिक्षा के ऐसे केंद्र के तौर पर जाना जाता था जैसे आज के हार्वर्ड या ऑक्सफ़ोर्ड विश्वविद्यालय। चूँकि फ़ारसी आम तौर पर जीते हुए इलाकों के लोगों को अपने रीति-रिवाज़ के मुताबिक चलने से नहीं रोकते थे, इसलिए उन्होंने तक्षशिला विश्वविद्यालय में शिक्षा के तौर-तरीकों में भी कोई दख़ल नहीं दी।

तक्षशिला के भग्नावशेष, यूनेस्को विश्व धरोहर

तक्षशिला गांधार की राजधानी थी। आज के नज़रिये से देखा जाये तो यह एक विश्वविद्यालय नहीं था, क्योंकि इसमें जो सिखाया-पढ़ाया जाता था उस पर निगरानी रखने के लिए कोई केंद्रीय समिति नहीं थी, और न ही कोई डिग्री दी जाती थी। इसके बजाय, वहाँ पारंपरिक भारतीय गुरुकुल व्यवस्था के मुताबिक ही शिक्षा दी जाती थी। वहाँ वेदों के अलावा कानून, चिकित्सा, और सैन्य विज्ञान समेत कई अलग-अलग विषय पढ़ाये जाते थे, और वहाँ के आचार्यों को पूरे भारत में अपने-अपने क्षेत्र का विशेषज्ञ माना जाता था। हर एक आचार्य अपने आप में एक विद्यापीठ हुआ करता था, और उनके पुरुष शिष्य तो आमतौर पर उनके साथ उनके घर में ही रहते थे। वही तय करते थे कि कितने और किन विद्यार्थियों को पढ़ाना है, और उन्हें क्या-क्या पढ़ाना है। एक कक्षा से दूसरी कक्षा में आगे बढ़ने जैसा कोई चलन नहीं था और आचार्यों की पूरी तसल्ली होने पर ही पढ़ाई पूरी होती थी।

शिष्य अपने आचार्य या गुरुजनों का रोज़ के कामकाज में हाथ बँटाते थे और भिक्षा लेने शहर भी जाते थे। कई यात्रियों ने भारत में आमतौर पर खिचड़ी खाने के चलन का भी ज़िक्र किया है। शिष्य ज़मीन पर सोते थे, और जो अपनी शिक्षा पूरी करने से पहले खाट-पलंग पर सोना शुरू कर देते थे, उनका मज़ाक उड़ाने के लिए उन्हें 'खाटवरुद्ध' यानी 'खाट से बंधे हुए' कहा जाता था।

हालांकि महिलाओं का शिक्षा के लिए गुरुकुल जाना बहुत आम नहीं था, लेकिन तक्षशिला में कई छात्राएँ थीं जो दर्शनशास्त्र पढ़ती थीं, और कई हथियारों के इस्तेमाल के साथ जंग के मैदान में लड़ने के गुर भी सीख सकती थीं। कुछ महिलाएँ आचार्य की पदवी तक भी पहुँच गयी थीं।

कई सदियों के दौरान कितने ही मशहूर लोगों ने तक्षशिला में पढ़ाई की, जैसे संस्कृत व्याकरण के जनक पाणिनि और जाने-माने चिकित्सा शास्त्री जीवक, जिन्होंने बुद्ध को एक फलों का बाग़ भेंट में दिया था।

एक हज़ार साल तक शोहरत की बुलंदी पर रहने के बाद, पाँचवीं शताब्दी ईस्वी में हूणों के हमलों में आख़िरकार तक्षशिला बर्बाद हो गया।

◀◀ अनेक भाषाओं का देश ▶▶

सिकंदर के हमले के समय भारतीय उपमहाद्वीप में कई अलग-अलग भाषाएँ बोली जाती थीं। उस समय तक संस्कृत को ब्राह्मण अपनी विरासत का हिस्सा मानते थे और उस पर उन्हीं की पकड़ थी, और इसे वैदिक संस्कारों और अनुष्ठानों के लिए इस्तेमाल किया जाता था।

ज़्यादातर शैक्षणिक सामग्री संस्कृत में तैयार की जाती थी। हालांकि आम लोग अलग-अलग इलाकों में बोली जाने वाली क्षेत्रीय भाषाएँ बोलते थे जिनका विकास कई सदियों में धीरे-धीरे हुआ था। इन्हें प्राकृत (यानी 'प्राकृतिक') भाषाएँ कहा जाता था। हाँ, प्राकृत सिर्फ़ एक भाषा नहीं थी, बल्कि भारत के अलग-अलग हिस्सों बोली जाने वाली कई बोलियों का एक परिवार था यह, जिसमें से समय के साथ कई भाषाएँ निकलकर आयीं जिन्हें अब हम वर्तमान समय की क्षेत्रीय भाषाओं के तौर पर जानते हैं।

मौर्य काल में, सबसे ज़्यादा इस्तेमाल की जाने वाली प्राकृत भाषाएँ मागधी और अर्धमागधी थीं, जो पूर्वी भारत में बोली जाती थीं। बाद में इन्हीं से भोजपुरी, मगही और मैथिली के अलावा बाँग्ला, उड़िया और असमिया समेत पूर्वी भारत की कई भाषाओं का विकास हुआ।

एक दूसरी प्राकृत भाषा शौरसेनी थी, जो उपमहाद्वीप के उत्तरी और पश्चिमी हिस्सों में बोली जाती थी। हिंदी के तमाम रूपों और बोलियों, जैसे ब्रज, हरियाणवी, खड़ीबोली, अवधी के साथ-साथ पंजाबी, गुजराती, राजस्थानी और नेपाली का विकास भी इसी शौरसेनी से हुआ है।

महाराष्ट्री प्राचीन समय में बोली जाने वाली एक अलग तरह की प्राकृत भाषा थी और यह पश्चिम भारत में बोली जाने वाली मराठी, कोंकणी और श्रीलंका की सिंहली जैसी भाषाओं की जननी है।

◀◀ प्राचीनतम शल्यचिकित्सा ▶▶

क्या आप को इस बात की जानकारी थी कि प्लास्टिक सर्जरी की शुरुआत सबसे पहले, 2,000 साल से भी पहले, प्राचीन भारत में हुई थी? आज की तरह एनेस्थीसिया यानी सुन्न करने की दवाएँ और दूसरी ज़रूरी दवाएँ और औज़ार, जिन्हें हम सर्जरी यानी शल्यक्रिया के लिए बुनियादी ज़रूरत मानते हैं, उनकी कमी के बावजूद प्राचीन समय के भारतीय चिकित्सकों द्वारा राइनोप्लास्टी (जिसे आमतौर पर आज 'नोज़ जॉब' के नाम से जाना जाता है), कान की ऊपरी बनावट में सुधार, मोतियाबिंद की सर्जरी, कटे होंठ और यहाँ तक कि सिजेरियन सेक्शन यानी बच्चे के जन्म के समय ज़रूरत पड़ने पर की जाने वाली शल्य क्रिया भी उस दौर में की जाती थी!

उस प्राचीन काल के एक शल्य चिकित्सक थे सुश्रुत, जो शायद छठी शताब्दी ईसा पूर्व में वाराणसी में रहते थे। उन्होंने 'सुश्रुत संहिता' नाम से संस्कृत में एक ऐसी बड़ी किताब लिखी है जिसमें तमाम तरह की कठिन शल्य क्रियाओं के बारे में विस्तार से जानकारी दी गयी है।

नाक की सर्जरी की प्रक्रिया भारत में अट्ठारहवीं शताब्दी तक चलन में रही, जब कुछ ब्रिटिश सर्जन भारतीय चिकित्सकों को लड़ाई में नाक खो चुके व्यक्ति की शल्यक्रिया करते हुए देखने के बाद वापस लंदन और पेरिस गये तो यहाँ जो कुछ देखा और सीखा था, उसे अपने देश में इस्तेमाल किया, और लंबे समय तक वहाँ नाक की ऐसी शल्यक्रिया को 'इंडियन नोज़' के नाम से जाना गया।

◀◀ स्वास्थ्य विशेषज्ञ चरक ▶▶

तक्षशिला से जुड़े एक दूसरे महत्वपूर्ण चिकित्सक चरक थे, जिन्होंने चरक संहिता लिखी है, जो मानव शरीर, सेहत, बीमारियों की रोकथाम और उनके इलाज पर उस दौर में लिखी गया चिकित्सा शास्त्र का एक महत्वपूर्ण ग्रंथ है। हालांकि हम नहीं जानते कि चरक कोई एक व्यक्ति थे या एक ख़ास ढंग से इलाज करने वाले चिकित्सकों का संगठन, लेकिन हम दावे के साथ कह सकते हैं कि चरक संहिता आयुर्वेद के तीन महान ग्रंथों में से एक है।

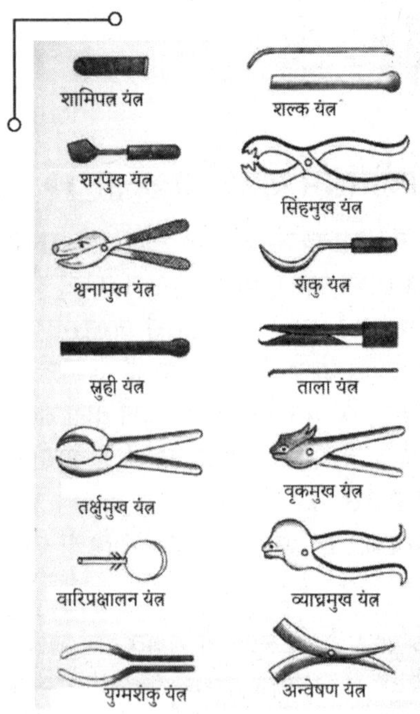

सुश्रुत संहिता से कुछ शल्य उपकरण

आयुर्वेद को दुनिया की सबसे पुरानी स्वास्थ्य रक्षा प्रणाली माना जाता है, और आजकल के आयुर्वेदिक डॉक्टर अब भी अपने चिकित्सा प्रशिक्षण के लिए चरक संहिता का प्रयोग करते हैं। ज़रा सोचिए, आधुनिक चिकित्सा शास्त्र के इतना विकसित हो जाने के बावजूद एक प्राचीन ग्रंथ है जो हज़ारों साल के बाद भी उपयोगी बना हुआ है! इतना ही नहीं, आयुर्वेद पश्चिमी देशों में भी लगातार लोकप्रिय होता जा रहा है, जहाँ इसे वैकल्पिक चिकित्सा पद्धति के रूप में पेश किया जा रहा है।

हैरानी की बात है कि इतनी पुरानी होते हुए भी चरक संहिता में बतायी गयी बातें पुरानी नहीं लगतीं। इसमें दावा किया गया है कि सेहत और बीमारी पहले से तय नहीं होती है, और इंसान अपनी कोशिश और बेहतर जीवन शैली अपना कर लंबी ज़िंदगी पा सकता है। इसमें यह भी कहा गया है कि ज़िन्दगी के सभी पहलू किसी न किसी तरह सेहत पर असर डालते हैं, और इसमें बीमारियों से बचने के लिए सही

खानपान, व्यायाम और ध्यान जैसे तरीकों पर उतना ही ज़ोर दिया गया है जितना कि बीमारियों के इलाज पर।

आयुर्वेद में इलाज के जो तरीके बताये गये हैं, भारतीय उनमें से कई को बहुत अच्छी तरह जानते हैं, भले ही हमें इस बात का अंदाज़ा न हो कि इनमें से कई दवाओं के बारे में ढाई हज़ार साल पहले सोचा गया था। सेहत अच्छी रखने के लिए रोज़ाना खाया जाने वाला च्यवनप्राश आज भी भारतीय दादी-नानियाँ बड़े लाड़ से चम्मच में भरकर बच्चों के मुँह में डालती हैं, जिसके बारे में सबसे पहले चरक संहिता में बताया गया था!

चिकित्सा शास्त्र पर लिखने वाले लेखकों ने चरक के ग्रंथ का फ़ारसी और अरबी में अनुवाद किया और उनकी बातों को पश्चिम जगत तक पहुँचाया, जहाँ इस ज्ञान का चिकित्सा विज्ञान पर काफ़ी असर पड़ा।

◀◀ दंडमिस ▶▶

भारतीय दार्शनिकों के साथ सिकंदर की मुलाक़ात की कई कहानियाँ कही-सुनी जाती हैं। सिकंदर की मुलाक़ात कुछ जिम्नोसोफ़िस्ट यानी 'कपड़े न पहनने वाले दार्शनिकों' से हुई थी जो शायद जैन धर्म के अनुयायी या दिगम्बर जैन मुनि रहे होंगे। वह उनकी सहनशक्ति से बहुत प्रभावित हुआ और लौटते समय उन्हें अपने साथ ले जाना चाहता था। लेकिन उन साधुओं के बुज़ुर्ग प्रधान दंडमिस ने अपने शिष्यों को ऐसा करने से रोक दिया।

दंडमिस पर सिकंदर की धमकियों या लालच का भी कोई असर नहीं पड़ा था। जैसा कहानी में बताया गया है, ऐसा माना जाता है कि उन्होंने ख़ुद सिकंदर को उपदेश दिया था, उसके भतीजे को नहीं। सिकंदर को दंडमिस की यह बात माननी ही पड़ी कि वह वास्तव में एक आज़ाद व्यक्ति हैं, इसलिए सिकंदर ने उन पर साथ जाने के लिए दबाव डालने की कोई कोशिश भी नहीं की।

◀◀ य से योग ▶▶

प्राचीन भारत के आध्यात्मिक, मानसिक और शारीरिक व्यायामों का एक बहुत बड़ा संग्रह है योग। आज यह शब्द आमतौर पर हठयोग के लिए इस्तेमाल किया जाता है, जिसमें व्यायाम के तौर पर आसन किये जाते है। योग शब्द का अर्थ जुड़ना या एकाग्रता हो सकता है, जैसाकि पतंजलि के योग सूत्र में बताया गया

है, जो शायद योग पर दुनिया की सबसे महत्वपूर्ण किताब है। यह दूसरी शताब्दी ईस्वी में लिखी गयी थी।

सिंधु घाटी की मुहरों पर बनी लोगों की कुछ मुद्राओं के आधार पर यह अंदाज़ा लगाया जाता है कि हड़प्पा की सभ्यता में योग का अभ्यास किया जाता था।

◀◀ मनमोहक फैशन ▶▶

निआर्कस ने पसंदीदा पहनावे के मामले में तक्षशिला के लोगों की कुछ बेहद अजीब-सी पसंदों के बारे में बताया है। रईस घरों में जन्मे भारतीय पुरुष दूध से भी ज़्यादा उजले सफ़ेद कपड़े पहनते थे। वे अपनी दाढ़ियों को किसी भी रंग में रंग लेते थे, और ऊँची एड़ी और उठे हुए तले वाले सैंडल पहनते थे और ख़ुद को धूप से बचाने के लिए छाता लेकर चलते थे!

यात्री-लेखक और सिकंदर की सेना के अधिकारी निआर्कस ने बिल्कुल अजीब रिवाज़ वाले एक भारतीय इलाके के बारे में भी बात की है, जहाँ राजा बनने के लिए ख़ानदान या क़ाबिलियत नहीं, बल्कि अच्छा दिखना ज़रूरी होता था क्योंकि राज्य के सबसे अच्छे दिखने वाले व्यक्ति को राजमुकुट पहनाया जाता था। कुछ लोग मानते हैं कि यह बात सोफिटस (शायद सौभूति) नाम के राजा के लिए कही गयी है।

जब सिकंदर अपने समूह के साथ राजा सोफिटस की राजधानी में पहुँचा तो राजा ख़ुद उसके सामने चला आया। इतिहासकार क्विंटस कर्टियस रूफ़ुस ने इस बात का ज़िक्र किया है कि वह (राजा सोफिटस) अपने लंबे क़द और आकर्षक शारीरिक बनावट के मामले में सभी बर्बर लोगों पर भारी पड़ रहा था। और उसने बहुत ही शानदार बेशकीमती कपड़े, सुनहरे सैंडल और सारे बदन पर ढेर सारे मोती पहन रखे थे। एक और दिलचस्प बात के भी संकेत मिलते हैं, और वह बात यह है कि सुंदर-सजीले राजा सोफिटस ने, ज़रा-सा भी विरोध किये बिना सिकंदर के सामने हथियार डाल दिये थे।

जैसाकि कहानी में बताया गया है, निआर्कस ने राजा सोफिटस के शाही जुलूस की ख़ूबियों के बारे में बारीकी से बताया है।

हाथियों की जय

जंगली हाथियों को सबसे पहले भारतीयों ने ही पालतू बनाया था। एशियाई हाथी अफ्रीकी हाथियों से छोटे होते हैं और इन्हें बहुत पहले से भारत और दक्षिण-पूर्व एशिया में सवारी, माल की ढुलाई और जंग के मैदान में इस्तेमाल किया जाता रहा है। इंसान के द्वारा काबू किये गये हाथियों का सबसे पुराना सबूत 5,000 साल पहले की हड़प्पा की मुहरों पर मिलता है। ये थी एशियाई हाथियों की बात। अफ्रीकी हाथियों को कभी पालतू नहीं बनाया गया।

भारतीय हाथियों के कान, चेहरे और धड़ पर अक्सर छोटे-छोटे गुलाबी निशान या छींटे से होते हैं। उनका अपनी देखरेख करने वालों, यानी महावत के साथ रिश्ता गहरा होता है। चूँकि हाथियों और इंसानों की ज़िंदगी क़रीब-क़रीब बराबर होती है, इसलिए ये रिश्ते अक्सर ज़िंदगी भर बने रहते हैं। हाथी जिसे चाहते हैं, उसे अक्सर अपनी सूँड के घेरे में लेकर प्यार जताते हैं।

भारतीय हाथी बहुत सामाजिक और समझदार माने जाते हैं। युवा हाथी बहुत चंचल और साहसी होते हैं। कई हाथियों को क्रिकेट और फ़ुटबॉल जैसे खेल खेलना भी सिखाया जा चुका है।

इस किताब में हाथियों के नाच के बारे में रोमन इतिहासकार एरियन के हवाले से बताया गया है, जिसने ख़ुद उन्हें नाचते हुए देखा था, हालांकि यह बात सिकंदर के समय से काफ़ी बाद की है।

हाथी के निशान वाला मौर्य साम्राज्य का एक सिक्का

आभार

इस शृंखला पर गहरे सोच-विचार के लिए कितनी ही बार अपना कीमती समय देने के लिए वेदिता, विहाना और सोहम का बहुत-बहुत आभार।

हमारे दूसरे भतीजे-भतीजियों पिया, नील और उमा का भी शुक्रिया- हमें बच्चों और युवाओं यानी इस किताब के संभावित पाठकों की सोच-समझ और उम्मीदों के बारे में बेशकीमती जानकारी और सुझाव देने के लिए।

हम अपने दोस्तों और परिवार के भी आभारी हैं कि उन्होंने वर्षों से हमारी कमज़ोरियों और बेवकूफ़ियों को बर्दाश्त किया, और हमेशा हमारा साथ देने के लिए तैयार रहे।

प्रिया कुरियन को बहुत-बहुत धन्यवाद- उनके मनमोहक चित्रांकन के लिए।

अंग्रेज़ी संस्करण की शानदार संपादक वत्सला के भी हम आभारी हैं, जिन्होंने हमेशा की तरह हमारा साथ दिया।

• • • • • • • • • • • • • •

हिस्ट्री हंटर्स

और उनके अगले साहसिक अभियान का करें इंतजार!

अकबर और पूरब के जासूस

यह मुग़ल दरबार है, नाटकीय घटनाओं का रंगमंच जहाँ ढेर सारी हलचल है, रौनक है, और हैं बहुत सारे ख़तरे! जब ज़ोया, नूर, रोहन, अंश और एल्फू अकबर के शासनकाल के ठीक बीचोबीच वाले दौर में जा पहुँचते हैं, तो यह अंदाज़ा नहीं लगाया जा सकता कि उन्हें वहाँ कैसे-कैसे अनुभव होंगे... और क्या वे उन खतरों का मुक़ाबला कर पाएँगे जिनका उन्हें किसी दूसरे दौर में या किसी दूसरी जगह पर सामना करना पड़ सकता है!